Peter Rosei
Gespräche in Kanada

Wilhelm Schwarz

Peter Rosei
Gespräche in Kanada

PETER LANG
Frankfurt am Main · Berlin · Bern · New York · Paris · Wien

Die Deutsche Bibliothek - CIP-Einheitsaufnahme

Schwarz, Wilhelm:

Gespräche in Kanada / Wilhelm Schwarz ; Peter Rosei. -
Frankfurt am Main ; Bern ; New York ; Paris : Lang, 1992
    ISBN 3-631-44710-8

NE: Rosei, Peter:

ISBN 3-631-44710-8

© Verlag Peter Lang GmbH, Frankfurt am Main 1992

Printed in Germany 1 2 3 5 6 7

Für Christa Pock

Gespräche

1981 nannten Sie als Ihr schriftstellerisches Anliegen das Schlüsselwort "schau". Also: der Künstler, der Schriftsteller wendet den Kopf des Lesers in eine bestimmte Richtung. Das kann man als eine Art Programm sehen, als Poetik sozusagen. Genügt Ihnen das heute noch?

Ja, ich würde heute genau so sagen, schau, aber die Struktur dieses Schauens würde ich etwas genauer definieren. Das Vorwort, aus dem Sie da zitieren, gibt ja nur so eine Art Generalrichtung an. Schon damals habe ich gesagt, der Schriftsteller gibt kein Rezept, er weist nur auf etwas hin. Die Stoßrichtung war und ist gegen den Katechismus. Literatur kann nicht einen so hohen Anspruch haben. Literatur ist mehr eine Bemühung als eine Lehre.

Also eine Art Gegenposition zu Stefan George etwa, der Dichter als Künder und Seher und als Prophet.

Stefan George -- das ist lange her. Heute ist das Gleiche im Schwange, zum Beispiel Peter Handke. Die Rolle, in der der Schriftsteller mehr weiß oder mehr wissen sollte, die kann er von sich aus annehmen, er kann aber auch in diese Rolle gedrängt werden. Es gibt im Publikum immer Erwartungen, die ihn in diese Richtung drängen. Bestimmte Gruppen im Publikum sind direkt enttäuscht, wenn sich der Schriftsteller dieser Rolle verweigert. Man will nicht wahrhaben, daß der Schriftsteller ein Mensch ist wie jeder andere, daß er keinerlei Privateingang zu ewigen Wahrheiten kennt. Dieser Glaube, dieser Genieglaube, ist auch heute noch sehr stark verwurzelt. Das neunzehnte Jahrhundert mit all seinen Ansichten ist noch lange nicht vorüber; es wuchert in den verschiedensten Formen weiter. Selbst in der Kritik wird oft gefragt, worauf läuft das Ganze hinaus, was soll das. Literatur also als Offenbarung, als Wegweiser. Damit will ich nichts zu tun haben. Meine Wahrheit ist persönlich, sie hat keinen universellen Anspruch. Jeder Mensch hat seine eigene Wahrheit. "Schau" ist also auch zu verstehen als Aufforderung, selber zu prüfen und zu basteln. Das Durchlässige ist darin enthalten, das Offene, das nicht Fertige. Das ist liberal, föderal, anarchistisch, aufs Individuum gerichtet, also das Gegenteil von den zentralistischen Machtansprüchen der umfassenden Übersicht.

Irgendeine Ihrer Figuren sagt einmal: Ich hasse Leute, die die Welt erklären. Oder so ähnlich.

Ja, weil das sofort zur Frage der Macht wird. Und was soll man solchen Leuten schon entgegensetzen? Entweder man antwortet mit einer Gegenmacht, oder man schweigt. Das ist die Diogenes-Antwort, Schweigen und Lachen, Ironie und Fröhlichkeit, das ist die beste Antwort.

Die höhere Form, die potenzierte Form von Schauen wäre Sehen, mit impliziertem Anspruch auf den größeren Überblick. Schauen wäre also eine bewußte Entscheidung für den bescheidenen Blick, unter Verzicht auf die Vogelperspektive.

Ein Freund von mir hat den spaßigen Ausspruch geprägt: The more you look, the more you see. Da ist eigentlich alles drin: hinschaun, offen sein, nicht fertig sein mit der Welt. Sehen ist dann eine Art Verdichten, ein Zusammenfassen einer größeren Menge Erfahrungsmaterial, sehen im geistigen Sinn, wenn Sie so wollen: Zusammenhänge sehen, komprimieren einer Masse von Einzelheiten. Neuigkeiten sind eher spärlich, das meiste ist nur Wiederholung. Das Neue liegt in der Art des Verdichtens, im Dichten.

Gleichzeitig gibt es bei Ihnen die Klage, daß wir aufs Schauen reduziert sind. Wir sind wie die Rennmäuse der Steppe, bei denen alle Sinnesorgane verkümmert sind außer den Augen, die sogar noch vergrößert sind.

Früher habe ich mich da angestoßen, habe die Begrenzungen bedauert. Inzwischen habe ich mich damit abgefunden. Wenn man jung ist, fällt einem das Zufällige unserer evolutionären Form auf. Man könnte ebenso gut in einer ganz anderen Form leben. Es muß gar nicht so sein, wie es ist. Warum taucht der Mensch beispielsweise in zwei Geschlechtern auf? Warum werden wir, als Männer, immer wieder zu der Frau hingezogen? Das ist ein Programm, das in uns drin steckt, dem sind wir unterworfen. Daran kann man sich natürlich stoßen, indem man sich sagt, das ist ja ein Käfig, man wird gefangen gehalten, vergewaltigt. Das ist die Geworfenheit in der Existentialphilosophie. Spöttisch gesagt: in der jugendlichen Weltschmerzkrankheit fällt einem das besonders kraß auf. Heute empfinde ich das nicht mehr so dramatisch. Der Igel muß mit seinen Stacheln herumrennen, und wir sind von der Evolution eben an eine andere Stelle katapultiert worden. Aus dieser besonderen Stelle ergeben sich natürlich auch besondere Möglichkeiten, die wir wahrnehmen können.

Ich würde sagen, Sie verlassen sich noch mehr als andere auf die Augen, trotz der erwähnten Klage. Sie sind ein Augenmensch, der visuelle Typ des Schriftstellers. Andere Wahrnehmungen kommen dabei zu kurz. Sie sind nicht zum Hören oder gar zum Riechen bestellt, in Abwandlung einer Zeile von Goethe.

Das mag sein, das kann ich selber nicht so gut beurteilen. Man hat mich ja schon oft als eine Art von Beschreibungsliteraten hingestellt. Ich sehe das nicht ganz so. Meine Beschreibungen sind eher Vehikel, Träger von Gefühlen, als Wiedergabe von Wahrnehmungen. Das ist eine Frage der Methode. Der Augenmensch, für mich, ist jemand, der die Welt aus dem Hintergrund beobachtet, der nur im Hintergrund tätig ist. Das bin ich sicher nicht. Psychologisch gesehen bin ich eher jemand, der die Welt beobachtet, indem er sich in der Welt umtut. Ich gehe also wie ein Detektiv, ein Naturforscher, wie ein Ethnologe herum. Beim Schauen, wie ich es verstehe, legt man ein paar Mikrophone aus und horcht. Als Schriftsteller kann man sich leicht festlegen lassen auf eine Rolle oder Position; dann wird man alles, was man schreibt, in dieser Rolle oder Position schreiben. Dagegen sträube ich mich. Wenn sich ein Schriftsteller einmal hat festlegen lassen auf eine bestimmte Grundposition, dann wird er alles, was er sieht, aus dieser Grundposition sehen und beurteilen. Eine bestimmte Geneigtheit mag am Anfang vorhanden sein, die dann vergrößert und ausgebaut wird.

*Also weniger ein Maler von Käfern und Butterblumen, wie
Hebbel über Stifter sagte, als ein Seismograph der Menschen
und der Gesellschaft.*

Das ist ja schon bei Hebbel ziemlich bösartig gemeint und entspricht
nicht dem, was Stifter wirklich gemacht hat. Bei mir noch viel
weniger.

*Von sozialem Engagement jedenfalls ist bei Ihren Helden nicht
viel zu spüren. Es käme wohl auch niemand auf die Idee, in
Ihrem Fall von engagierter Literatur zu sprechen. Im
Zusammenhang mit Ihren frühen Figuren wurde bereits von
Verweigerung gesprochen.*

Ja, in dem Panorama von vor zwanzig Jahren hat man von
Verweigerung gesprochen. Mittlerweile hat sich die ganze Szene
von damals aufgelöst, und meine Rolle wird ganz anders gesehen
und definiert. Ich kann da nur lachen, denn ich bin heute genauso
unterwegs wie damals. Verweigert habe ich mich diesem
Vulgärmarxismus als herrschender Theorie, dem stand ich konträr
gegenüber. Ich stehe aber jeder Haltung konträr gegenüber, die mir
alles erklären will, die alle Wahrnehmungen auf ein bestimmtes
Muster reduzieren will. Natürlich kann man von Marx viel lernen,
aber man kann nicht alle Phänomene und Probleme dieser Welt aufs
Soziologische reduzieren, wie das der Vulgärmarxismus tut. Ich
kann doch leicht hundert andere Sichtweisen einnehmen, auf das
Leiden beispielsweise, auf den Unterschied zwischen Arm und
Reich. Das läßt mich ja nicht kalt, nur will ich mich keiner
herrschenden Theorie anpassen. Wahrscheinlich werde ich immer
in Opposition sein, ein Leben lang. Man wird mich dann eben
immer als Verweigerer titulieren. In einer erzkatholischen
Gesellschaft würde man mich wahrscheinlich als Gottlosen
bezeichnen. Ich kann mich einfach nicht einschränken lassen auf
irgendeinen Kodex, irgendeinen Kanon. Heute komme ich
zunehmend unter Beschuß als sogenannter Linker, weil ich sage,
Marx hat uns immer noch etwas zu sagen.

In Ihren schriftstellerischen Anfängen standen Sie unter dem Einfluß von Kafka. Haben Sie diesen Einfluß ganz hinter sich gelassen, oder hat Kafka Ihnen immer noch etwas zu sagen?

Kafka war der Schriftsteller meiner Jugend. Ganz unter dem Einfluß von Kafka habe ich aber nie gestanden. Er war der Autor einer ganzen Generation von Schriftstellern in Österreich; Bernhard, Handke, Jonke sind undenkbar ohne Kafka. Überwunden habe ich Kafka durch Weitertreiben seiner Technik. In Entwurf für eine Welt ohne Menschen und Entwurf zu einer Reise ohne Ziel habe ich die Parabelform ad absurdum geführt. Zur gleichen Zeit war mir die Parabel auch schon zu ungenau geworden. Ich sah mich also genötigt, selber wieder die Augen aufzumachen und mich von der Form, die Kafka vorschlägt, zu trennen. Kafka heute? Für mich ist das eine Erinnerung. Wenn sich mir, im Laufe des Schreibens, die Parabel anbietet als Möglichkeit, stoße ich sie bewußt weg. Ich weiß ja, worauf das hinausläuft. Wenn ich früher zwei Männer sah, die einen Anhänger beluden, habe ich mich sofort gefragt, welche Parabel steckt dahinter. Wenn ich das heute sehe, frage ich mich, woher kommt das Holz, wo fahren sie es hin, was machen sie damit. Ich bleibe also am Stoff, während sich bei Kafka jede menschliche Tätigkeit sofort ins Parabolische verkrustet. Natürlich sagt das etwas aus, aber das kann doch nicht für alle Zeiten zur alleinigen Literaturform werden. Hier kommen wir wieder zu dem Vorwurf der Verweigerung. Wenn wir die Entwicklung der deutschen und der österreichischen Literatur nach 1945 vergleichen, bemerken wir sofort eine auffallende Ungleichzeitigkeit. Die Deutschen haben die Kriegsschuld akzeptiert und aufgearbeitet. Die Österreicher sind von der Annahme ausgegangen, unschuldige Opfer gewesen zu sein. Ich habe diese Haltung sehr früh als unangemessen, als verlogen angesehen. In der politischen Landschaft in Österreich gab es in diesem Punkt keinerlei Meinungsverschiedenheiten. Es gab da eine umfassende Koalition. In einer solchen Situation konnte Kafka zum Jahresgott werden. Er zeigte eine diffuse Welt, in der etwas nicht stimmte. Es gab da Mächtige, die die anderen unterdrückten, doch niemand konnte genau mit dem Finger auf die Ketten zeigen. Das war auch gar nicht erwünscht. Gefühlte Abhängigkeit, ja, aber keinerlei Analyse. In Deutschland dagegen wurde damals aufgearbeitet und analysiert, und wenn die Ergebnisse auch nicht alle korrekt waren, so wurde doch das Diffuse und Verschwommene überwunden. Vor diesem Hintergrund erklärt sich der Vorwurf der Verweigerung.

Als zweites großes Vorbild wird immer wieder Stifter ins Feld geführt, besonders von österreichischen Kritikern. Als hätten Sie genau da angefangen zu schreiben, wo Stifter aufgehört hat. Sogar das Stifter'sche Rasiermesser findet man bei Ihnen wieder.

Nein, Stifter ist nie mein Vorbild gewesen. Das ist eine Erfindung der Kritiker. Ich habe mich nicht mehr mit Stifter beschäftigt als mit Dutzenden von anderen Autoren, russischen, französischen, amerikanischen Autoren. Ich selber kann überhaupt nichts in meinen Büchern entdecken, das ich mit Stifter gemein habe. In meinem Aufsatz über Stifter habe ich nachgewiesen, daß seine Landschaftsbeschreibungen eine Gefühlswelt evozieren, daß sie gar nicht realistisch gemeint sind. Das habe ich natürlich auch gemacht, aber viele andere ebenso, Handke beispielsweise oder Bernhard. Das ist keinesfalls beherrschend, nicht wie etwa das Parabolische. Die Kritik hat schon immer Zusammenhänge nachzuweisen versucht, wo keine Zusammenhänge nachzuweisen sind. Einmal wurde Canetti genannt, dann Tumler, jetzt gerade wieder Musil. Natürlich verstehe ich, daß man das Phänomenale bändigen und einordnen will. Da wird verbunden, verglichen, vermessen, aber es kommt nicht viel dabei heraus. Seit dem Abschluß meiner frühen Arbeiten geht meine Reise in eine Richtung, in der ich keinerlei Vorbilder erkennen kann.

Ärgert Sie das nicht manchmal, wenn man Sie einordnen, etikettieren will?

Nein, überhaupt nicht. Wenn man abweichende Wege einschlägt, soll man nicht erwarten, daß die Mehrheit nachfolgt. Die Mehrheit ist konservativ, sie lebt gern problemlos, sie liebt die Wiederholung. Alles Neue wird da als störend empfunden, als juckendes Ungeziefer. Natürlich will ich verstanden werden, aber dann will ich wieder weiter. Ich will ja nicht eingesperrt werden in den Käfig eines bestimmten Verstehens, einer bestimmten Interpretation. Zu viel Verstehen bedeutet auch den Tod. Lieber ein dialektisches Vorgehen, man wird dann akzeptiert oder auch nicht, dann mache ich oder sonst jemand einen anderen Vorschlag. Ich verkünde doch keine ewigen Wahrheiten, und ich will auch keine Jünger sammeln. Ich kann ungestört arbeiten, die Kritik nehme ich zur Kenntnis, ich werde aber nicht davon beeinflußt.

In Ihren Büchern sind Sie ja der selbstherrliche Schöpfer. Sie schaffen eine Welt nach Ihren Vorstellungen. Sie sind auch niemandem verantworlich oder Rechenschaft schuldig.

Nein, ich würde das nicht so sagen. Ich baue Modelle, die möglichst gut funktionieren sollen. Die einzelnen Teile sollten zueinander sinnvolle Bezüge haben, erkennbare, erklärbare Bezüge. Ich schaffe eher eine Gegenwelt. Das ist überhaupt nichts Irrationales. Das ist eher ein Kalkül, wie eine Rechenaufgabe. Hier ist das Material, jetzt überlege ich, mit welcher Methode ich das Problem am besten löse. Bei dem Kalkül muß ich mich dann entscheiden, was draußen bleiben muß, was ich weglassen muß. Es gibt da eine Stelle in Finnegans Wake, wo es heißt: All this our funnominal world, also phänomenal, aber als fun geschrieben. Das alles in kritischer Weise darstellen: wie wir in der Welt dastehen, was ist das Leben, wie funktioniert das.

Das lesen Sie auf englisch, Joyce?

Na, lesen, ich spiele gern mit Finnegans Wake. Das macht mir Spaß.

Ist das nicht ein ziemlicher Brocken, auf englisch?

Ich würde ja nie das Buch als Ganzes lesen, sondern hin und wieder ein paar Seiten, spielerisch sozusagen. Joyce ist mir ganz und gar entgegengesetzt, deswegen lese ich das. Joyce glaubt ja an die Sprache. Er beschreibt weniger die Dinge als die Sprache, er schreibt in der Sprache. Ich dagegen finde die Differenz zwischen Dingen und Sprache sehr groß, die Sprache sehr armselig. Wobei ich nicht ausschließe, daß ich ziemliche Sprachmöglichkeiten, eine ziemliche Sprachbeherrschung habe. Bei Joyce ist immer ein

Gefühl des Reichtums dabei. Es macht ihm richtig Spaß, wenn er aus dem Vollen schöpfen kann. Das ist bei mir überhaupt nicht der Fall. Ich empfinde die Sprache als ein Manko.

Sie verbeugen sich in Ihren Büchern vor keinerlei Autorität, weder vor Joyce noch vor Marx noch vor Freud noch vor irgendeinem Lehrer Döblin, wie Grass beispielsweise. Das meinte ich mit selbstherrlichem Schöpfertum.

Natürlich können Autoritäten nützlich sein, aber mir fallen immer gleich die Einwände ein, wo das angebotene Modell nicht mit meinen Erfahrungen übereinstimmt. In Rebus habe ich das zur Methode entwickelt: ich wende ein gegebenes Konzept an und stelle gleich mein Gegenkonzept daneben. Nehmen wir mal an, als Hilfsvorstellung, daß die Welt aus Teilchen besteht. Stellen wir uns nun vor, daß wir mit Hilfe von einem Teilchen, durch dieses Teilchen alle unsere Konzepte durchlegen, also wir interpretieren das Teilchen nach sozialen Theorien, nach semantischen Theorien, als Sprachpartikel. Wir können dieses Teilchen dann auf Plänen aufzeichnen, es bekommt einen Stellenwert. Ein Kuß zum Beispiel: auf vierzig verschiedene Arten könnte man erklären, was das ist, was da passiert, doch wissen wir hinterher immer noch nicht, was da wirklich vorgeht. Jede neue Methode würde uns wieder eine neue Erklärung liefern. Natürlich kann ich versuchen, alle verfügbaren Methoden zusammenzufassen. Nun muß ich allerdings die Voraussetzung dieses Spiels wegnehmen: die Welt besteht nicht aus Teilchen, sie bewegt sich dauernd, sie ist in ewiger Metamorphose. Alle Modelle sind nur Hilfsvorstellungen, sie können mir nie das wirkliche Bild liefern. Wir wissen nie, was wirklich vorgeht. Dieses Gefühl der Unwissenheit prägt natürlich die Arbeit. Man strengt sich an, bemüht sich redlich, aber man kommt nicht weit. Das ist die Voraussetzung. Der Schriftsteller muß methodisch auf der Höhe seiner Zeit sein. Er sollte alle Modelle kennen, aber er sollte nicht glauben, daß er nun den Schlüssel zur Wahrheit in der Hand hat. Vor einigen hundert Jahren gab es andere Modelle, und in einigen hundert Jahren wird es wiederum andere geben. Einige Fakten werden etwas klarer erkennbar sein, doch substantiell werden wir ein ganz anderes Bild von der Welt besitzen. Das kennen wir ja aus der Mathematik. In dem Moment, in dem ich einen einzigen Koeffizienten hinzugebe, kommt ein ganz anderes Ergebnis heraus. Jede neue Entdeckung schafft ein neues Weltbild, und dadurch verschiebt sich alles, was vorher da war. Man kann sich kleine Strukturen vornehmen, zum Beispiel: was bedeutet Familie in der Unterstadt von Québec, wie funktioniert das; historisch, wie ist es dazu gekommen; sozial, wie vergleicht sich die Familie der Unterstadt mit einer Familie in der Oberstadt oder im Nachbardorf; politisch, was paßt einem da und was paßt einem nicht, was sollte sein; man kann das Ambiente erklären, die Zusammenhänge mit den Nachbarn, mit der Natur, mit dem Wetter, den Jahreszeiten, mit der Lebenszeit des Einzelnen. Es gibt also ein riesiges Bündel von Möglichkeiten, sich der einen Struktur zu nähern, und das macht man so genau und so gewissenhaft wie möglich. Aber man darf nicht vergessen, daß alles nur Annäherungen sind, Hilfskrücken. Vielleicht wird am Ende ein zusätzliches Erlebnis alles scheinbar Gesicherte wieder umwerfen.

Immer aber sind Sie dann der Entdecker, der auf eine expédition solitaire geht. Oder gibt es Menschen, Freunde, Kollegen, Lektoren, mit denen Sie Probleme erörtern?

Ich bin nicht wie Thomas Mann, der sich mit Spezialisten der Musik umgibt beispielsweise, wenn er über Musik schreiben will. Bestimmte Probleme diskutiere ich schon durch, aber im Vorfeld. Ich habe sehr wenige Gesprächspartner in dieser Hinsicht. Andererseits fördert unsere Gesellschaft geradezu das Spezialistentum, und ich bin das Gegenteil von einem Spezialisten. Ironisch gesagt: ich bin ein hochherziger Dilettant. Ich beschäftige mich genauso mit nationalökonomischen Theorien wie mit Gregory Bateson, ich lese Völkerkunde, Strukturalismus, Lévi-Strauss und Malinowski. Meine Wissensgebiete sind sehr divergent, und ich treffe wenige Leute, die eine solche Fächerung anspricht. Immerhin kann ich einige Komplexe besprechen, und da höre ich gerne zu. Ich kann gut zuhören. Verstreut über ganz Europa kenne ich ein paar Menschen, die verschiedene Spezialinteressen haben, und die ich hin und wieder treffe. Der eine erzählt mir etwas über moderne russische Literatur, der andere über den Wandel im Leben der Vorstädte in Frankreich. Ich kenne ein paar Ärzte, die mir erzählen, was in ihrer Welt so vorgeht. Die Zusammenfassung ist das bric-à-brac eines hochherzigen Dilettanten. Unter Ihren Nachbarn hier auf der Farm gibt es ja auch Leute, die verstehen von allem etwas, aber im Grunde sind sie weder Elektriker noch Klempner noch sonst irgend etwas. Wenn wir das auf die Politik übertragen, haben wir die richtige Antwort auf die moderne Welt. Man läßt sich nicht festlegen auf eine funktionelle Spezialisierung. Natürlich wird das nicht gern gesehen. Sie sind Germanist, da klopft man Ihnen auf die Finger, wenn Sie mitreden wollen in der Mathematik. Ich lasse mir das nicht gefallen. Alle diese Phänomene gehen aus vom gesunden Menschenverstand, also muß der gesunde Menschenverstand auch wieder Zugang haben zu den einzelnen Phänomenen. Das Recht dazu behalte ich mir vor. Mit gottähnlicher Übersicht hat das nichts zu tun. Ihr Klempner ist auch nicht Gott, nur kann er allerlei, was mit Klempnerei nichts zu tun hat. Ein Haus sieht für ihn ganz anders aus als für Sie und für mich, weil er alles durchschaut. Er weiß, wo die Leitungen laufen und warum sie so laufen und nicht anders. Wenn da etwas klappert, weiß er sofort, wo er hingreifen muß. Deswegen habe ich auch eine Schwäche, einen Hang zu diesen Squatters, die alles improvisieren und dabei einen kleinen Kosmos aufbauen, der funktioniert. Solche Leute sind natürlich immer ein Stein des Anstoßes für die anderen, die sich ärgern, daß das funktioniert. Nach ihren Vorstellungen dürfte es ja nicht funktionieren.

Sie wären dann das Gegenbeispiel von Uwe Johnson beispielsweise, der zuerst ein Spezialist des Eisenbahnwesens werden muß, um ein Buch wie Mutmaßungen über Jakob schreiben zu können.

Davon halte ich nicht viel. Da ist mir Joyce viel näher, der sich in der Rolle eines Rechtsanwaltes sieht, der kurzfristig den Schiffsbau studieren muß, ohne dabei Spezialist werden zu wollen, wenn eine Causa im Reedermilieu spielt. Das nächste Mal hat er einen Fall von einem Häusermakler oder Börsenmakler, dann muß er Nationalökonomie büffeln, damit er dort sattelfest ist. Ideal für mich wäre, in allen Lebensbereichen informiert zu sein. – Inzwischen habe ich gelernt, Umwege möglichst zu vermeiden. Ich lese kaum noch überflüssige Bücher. In den meisten Büchern werden einige Minimaldifferenzen ausgewalzt und zu einem neuen System erklärt. So viele Neuigkeiten gibt es gar nicht. Man kann, trotz des scheinbar riesigen Gesamtwissens, ganz gut auf dem laufenden bleiben.

Sie mißtrauen Leuten, die den großen Überblick haben, die die Welt vom Anfang bis zum Ende erklären können. Bei Ihnen ist manchmal die Rede von einem Ziel, doch von einem fehlenden Ziel.

Natürlich streben wir einem imaginären Ziel zu, obwohl wir wissen, daß es das nicht gibt. Die Idee des Ziels ist wie ein Magnet. Wir stehen in seinem Bann. Die ständige Metamorphose der Welt und ihre Simultaneität lassen kein Ziel zu. Schon die Simultaneität läßt sich nicht begreifen: ich sitze hier, dort steht der Baum, auf dem Baum sitzt der Vogel, der Vogel singt; wie läßt sich das auf einen Nenner bringen? Auch wenn die Welt jetzt plötzlich stehen bleiben würde, wie in einem Märchen, könnten wir sie nicht erfassen. Dazu kommt, daß man selber ständig weiter geht. Und obendrein kommt noch die Problematik der Sprache. Das Denken ist von den gängigen Bildern vorprogrammiert. Man sieht ja nicht die Phänomene selber, sondern die Bilder, die wir von ihnen im Kopf haben. Ein lohnendes Ziel, für mich, wäre die Gewißheit. So gewiß, wie man stirbt, sollte man auch leben können. Ein Ziel ist etwas Unmögliches. Nur ein Dummkopf kann glauben, daß er wirklich einmal ankommt, daß er überhaupt ankommen könnte. Das wünscht er. Die Uferlosigkeit des Wünschens ist die Grundlage aller Anstrengungen. Ist es nicht komisch, daß sich ein Mensch hinsetzt und zwanzig Bücher schreibt? Warum tut er das eigentlich? Der Geruch der Tinte kann es nicht sein, nur dieser eine Wunsch, diese Verblendung ist der Motor, der ihn treibt, immer wieder weißes Papier in beschriebenes Papier zu verwandeln.

Wenn Sie auch keinen Stern zeigen zur Orientierung, so doch viele kleine Sternchen, und das mit der größten Begeisterung, nämlich: schau, die Wolken! Ihre Farbe, Ihre Welt ist ja nicht grau. Oft ist es geradezu rührend, wie Sie im Kleinen ein Detail, ein Idyll neben das andere setzen, obwohl Sie im Großen

Pessimist sind. Man hat Ihnen ja schon verübelt, daß Sie das Leuchten der Sonne auf einem Kernkraftwerk besingen, obwohl das so gar nicht stimmt.

Das mit dem Kernkraftwerk stimmt sicher nicht. Ich habe mir nur erlaubt zu zeigen, daß auch auf Beton rosiges Licht fallen kann. Es kommt immer auf den Standpunkt an. Verwesendes Aas kann etwas Wunderschönes sein, das Umbringen eines Menschen dagegen ist etwas Grausiges. Da ich nicht an ein Erklärungsmuster glaube, fällt mir immer die andere Seite ein. Diese Vorgangsweise habe ich im 15000 Seelen-Projekt als Poetik verwendet. Der Mittelteil ist die Großaufnahme der Welt, die höllenhaft ist. Darin gibt es aber unzählige Nischen, die liebenswert, erfreulich, menschlich sind. – Freud würde ein solches Vorgehen mit dem Begriff der Ambivalenz umschreiben. Man sieht etwas, es gefällt einem, und gleichzeitig läuft einem ein Schauer des Widerwillens über den Rücken. Meine Einstellung wäre eine gesteigerte Ambivalenz. Das schließt nicht aus, daß ich eine kritische Position beziehe. Obwohl ich dem Leser keine Botschaft oktroyiere, ergibt das Zusammenspiel der Zeichen doch so etwas wie eine Botschaft. Es ergibt sich also kein Einerlei. Man könnte das auch in ein Bild fassen: die Straße hat schon eine bestimmte Richtung, doch die Anordnung des Pflasters ist ziemlich chaotisch, es ist kein rechtwinkliges und übersichtliches Pflaster, aus der Sicht des Lesers jedenfalls nicht. Aus meiner Sicht natürlich ist es strukturiert, da es ja von mir ist und da ich jede Einzelheit des Musters verantworten kann.

Sie sind ein sehr bewußter Autor, Ihre Helden, besonders Ihre frühen Helden, sind das nicht. Einige von ihnen sind "bewußtlos wie ein Ding und damit unangreifbar". Das ist natürlich ein Zitat von Peter Rosei.

Das war in meiner frühen Zeit mein großer Wunsch, mein unmöglicher Wunsch. Das war die poetische Voraussetzung für den Entwurf für eine Welt ohne Menschen. Das unmögliche Ziel wäre gewesen das Verschwinden in den Dingen, der Abschied von der Humanität, indem der Mensch wie eine Pflanze wird, ein Weg, den die Chinesen bereits eingeschlagen haben. So etwas Neues ist das gar nicht. Ich habe versucht, das unter unseren Voraussetzungen zu Ende zu denken. Daß der Versuch gescheitert ist, sieht man schon an der Sprache in den Entwürfen. Ich schreibe und verliere dabei immer mehr meine Urteilsfähigkeit. Statt meiner sprechen die Dinge weiter. Dann wäre man unangreifbar gegenüber allen Vorschlägen und gegenüber dem Leid. Ein Teil des Leides entsteht ja dadurch, daß man sich ein Ideal oder Muster aufstellt und diesem Ideal oder Muster dann nicht entsprechen kann. Natürlich gibt es darüber hinaus das Leid, das einfach da ist ungerechterweise, durch unsere Geworfenheit, und das hat mich dann auf einen anderen Weg gebracht. Die Tatsache des Leides verpflichtet uns nicht nur der Wahrheit, sondern auch dem, was bei Schiller das Gute heißt; sonst brauchte man sich nur um die Wahrheit und die Schönheit zu kümmern. Das Leid, das nun einmal existiert, zwingt einen dazu, seine Antworten auch in dieser Hinsicht auszubauen. Ich stehe zu der Schillerschen Reihenfolge: wahr, schön, gut. Poetisch wäre es falsch, zuerst einmal das Gute zu wollen. Auf diese Weise kommt man nicht zum Wahren. Idealerweise müßte das Gute aus dem Wahren herausfallen, wie ein Apfel vom Baum. Wenn man die Welt richtig sieht, müßte man das Gute wissen. Wenn man sich es näher überlegt, kann das aber schlecht stimmen. Die Menschen als Teil der Natur sind den gewöhnlichen Evolutionsgesetzen unterworfen, wobei das Gute ins Hintertreffen gerät. Da steht jeder gegen jeden, da trifft, was Darwin und seine Nachfolger gesagt haben, ganz und gar zu. Die Menschen müssen das Menschliche ja gegen die Natur konstruieren. Was man als human bezeichnet, ist in diesem Sinn unnatürlich. Aber auf dieses Humane müssen wir hinarbeiten, auf dieses Humane müssen wir stolz sein. Wenn man nur der Wahrheit nachstrebt beim Schreiben, wird man sehr grausam. Das merkt man sehr schnell selber. Da muß man dann vermitteln zwischen Idyll und Grausamkeit.

Als Summe seiner Lebenserkenntnisse, als das, was unter dem Strich bleibt, hat Hans Henny Jahnn den Satz formuliert: Fressen oder gefressen-werden.

Das halte ich für sehr schlimm. Das reduziert den Menschen auf das Naturhafte in ihm. Wenn man diese Reduktion will, dann mag der Satz stimmen. Seit sich die Menschen aber als Menschen begreifen, kämpfen sie an gegen das nur Naturhafte in ihnen, gegen das Fressen oder Gefressen-werden. Natürlich beruht die ganze Naturwelt auf Kampf, einem rücksichtslosen Kampf, und der Mensch als Teil der Natur ist in diesen Kampf hineingeworfen. Gleichzeitig aber propagiert er das Humane, also das Brüderliche, das Hilfreiche, das Selbstlose. Natürlich will sich jeder durchsetzen, im Beruf, in der Erotik, auf jedem Gebiet. Wenn er aber als Mensch gelten will, muß er das zügeln, diesen Naturtrieb. Das ist auch die Frage, die in unserer Gesellschaft erneut gestellt wird, seit der Osten zusammengebrochen ist. Wie heißt das so schön bei Adam Smith? Private vices - public virtues. Private Laster werden zu öffentlichen Tugenden. Die Rücksichtslosigkeit, der Egoismus, die man in der Privatsphäre verachtet, werden im Kapitalismus zum Vehikel des Fortschritts. Das ist die Utopie des Kapitalismus: Der rücksichtsloseste Eigennutz ist der Motor des gesellschaftlichen Fortschritts. Irgendwo muß sich das natürlich ad absurdum führen. Im Alltagsleben in den USA zum Beispiel schaut es mit dem gesellschaftlichen Fortschritt sehr schlecht aus. Was der Herr Jahnn gesagt hat, ist für mich nur eine billige Wahrheit, der ich als Mensch widerstreben muß. Das Rücksichtslose ist ja das leichteste, das ist dem Menschen schon angeboren. Das macht aber den Menschen nicht menschlich.

Steuern wir aber nicht gerade in diese Richtung? Der Traum, den Menschen zum Menschen zu erziehen, war in Osteuropa, lange ehe es zur deutschen Wiedervereinigung kam, zu Ende geträumt. Ein neuer Traum ist weit und breit nicht in Sicht.

Natürlich ist es erst einmal gut, daß die Menschen dort drüben ihr Leben selber gestalten können. Die Freude aber auf unserer Seite, als ob der Kapitalismus sich als das bessere System bewiesen hätte, ist durch nichts gerechtfertigt. Die Utopielosigkeit der westlichen Welt erscheint heute nur noch schrecklicher als früher. Niemand scheint zu wissen, wohin wir jetzt eigentlich treiben. Heiner Müller hat so schön gesagt, daß jeder Idiot weiß, daß der Kapitalismus keine Antworten kennt auf die wirklichen Probleme. Die Räume für das Abenteuer werden immer kleiner. Der Liberalismus, den wir aus dem neunzehnten Jahrhundert geerbt haben, ist nun mal unser Programm, doch der führt uns in eine Sackgasse, in Landschaftszerstörung, Verkehrswahnsinn und so weiter. Unsere Freiheit besteht daraus, daß jeder machen kann, was er will. Diese "Freiheit" müssen wir irgendwann wieder einschränken, damit das Fundament nicht unwiderrruflich beschädigt wird. Der Kapitalismus kann das Problem nicht lösen. Wir müssen eine andere Freiheit wiedergewinnen.

Als Einleitung ein kleine Episode: Vor ein paar Wochen hat man Peter Handke gefragt nach der Bedeutung seines <u>Spiels vom Fragen</u>. Handke hat darauf sehr ungehalten reagiert im Sinn von: Geht nach Hause und lest das selber nach: wenn das nicht reicht, lest es mehrmals.

Da ist der ganze falsche Hochmut drin, der Dichter auf dem hohen Roß. Sollen die Leser sich doch abmühen, wenn sie was verstehen wollen. Naja. -- Trotzdem muß ich feststellen: auf reiner Rationalität, auf reinem Verstehen beruht die Literatur nicht, auch das Menschliche nicht. Einesteils muß man verantworten können, was man schreibt. Andererseits bleibt immer ein Rest. Man kann nicht ausschließlich auf das Pferd der Vernunft setzen. Die Erklärungen gehen immer nur bis zu einer bestimmten Grenze, da beginnt etwas, das man nicht kalkulieren kann. Ich erkläre meine Arbeit, aber die ganze Wahrheit kenne ich auch nicht. Vielleicht erklärt sie sich im Laufe der Zeit, durch Geduld, vielleicht auch nicht. Auf der Vernunft sitzt ohnehin die Unvernunft oben drauf. Man kann Bücher immer wieder lesen, und sie erklären sich immer wieder neu.

Wie kamen Sie auf die Idee des Flügelaltars in dem <u>15000 Seelen</u>-Projekt? War das Ihre Idee, Ihr Plan, von Anfang an?

Ja, natürlich. Flügelaltar oder Badezimmerspiegel: Wenn man diesen Spiegel aufklappt, sieht man sich in mehreren Perspektiven, von mehreren Seiten. Ein anderes Bild, das mir damals vorschwebte, war der Krug mit Nüssen. Ich versuche, die Nüsse herauszuholen. Wenn ich aber die Nüsse in der Hand habe, ist die Öffnung wieder zu klein. Die paradoxe Lösung: beschreib den Krug, dann hast du die Nüsse dabei. Also: meine Erfahrungen, meine Welt kann ich nicht in ihrer Totalität beschreiben; es rückt nicht alles ins Bild. Jetzt teile ich das Bild auf in verschiedene Modelle. Ein Kalkül war der alte Flügelaltar, der ja auch eine Geschichte erzählt. Diese Geschichte, die Heilsgeschichte der Bibel, ist natürlich schon vorhanden; sie wird lediglich aufgeteilt in Einzelszenen, um sie besser darstellen zu können. Meine

Geschichte war überhaupt nicht vorhanden, ich habe nur die Sichtweisen gehabt, die ich anwenden wollte. So entstehen dann die verschiedenen Bilder aus demselben Stoff. Ich schaue immer auf dasselbe Material, aber ich schaue einmal so und einmal anders, und dann ergeben sich verschiedene Perspektiven. Das Hauptbild ist dann wie ein Fahrplan, wo man erst einmal die Übersicht bekommt, umsteigen in Bebra in den Zug nach Kassel oder über Hannover nach Amsterdam. Neben diesem Hauptfahrplan die Nebenstreckenfahrpläne. Das war Kalkül, Poetik, aus der philosophischen Überlegung heraus. Dem Fahrplan braucht man dann nur ganz "treuherzig" zu folgen. Wenn man die Bücher hintereinander liest, sollte eine Art stereoskopischer Eindruck entstehen. Diese Absicht ist bei der Veröffentlichung etwas mißglückt, denn die Bücher sind ja in größeren Zeitabständen entstanden, über mehrere Jahre hinweg.

Zum Titel Komödie: Soll der Titel im Nachhinein die ganze Existenz des Helden in Frage stellen? Der Leser kann das nicht nachvollziehen, denn er glaubt an den Helden bis zur letzten Seite. Der Schlußsatz, "Hier endet die Komödie", löst erst mal Überraschung aus, dann natürlich Fragen: habe ich wieder alles falsch verstanden? Der Leser fühlt sich zum Narren gehalten. Die Rezensenten des Buches haben ja, vermutlich animiert durch den letzten Satz, angestrengt nach Fehlern und Schwächen des Helden geforscht, und siehe da, sie haben tatsächlich das eine oder andere gefunden, vermutlich im Nachhinein. Dagegen könnte man die These aufstellen, daß Sie den Helden, der sich ja ausführlich gerechtfertigt hat, mit dem einen Satz wieder ins Fragwürdige, Ambivalente abgleiten lassen.

Die Lösung des Problems ergibt sich aus dem Plan, von dem ich vorhin sprach. Der Held kommt kaum aus seinem Käfig heraus. Die Liebe zu dem Kind erlebt er als eine Art Inszenierung. Das ist eine Komödie von Anfang an. Anders ausgedrückt: über wirkliche Liebe ist nicht viel zu sagen, die ist faktisch. Gutes tun und über Gutes reden sind ja auch zwei grundverschiedene Dinge. Ich desavouiere weniger den Helden als die Beschreibung des Helden, meine schriftstellerische Arbeit. Ich stoße den Leser aus seiner wohligen Identifizierung mit dem Helden heraus und sage: Liebe mußt du realisieren, in der Wirklichkeit, nicht auf Buchseiten. Die Liebe beginnt nach dem Buch, nach der Komödie. Wie der Zen-Lehrer den Klaps gibt. Nicht das gescheite Reden ist die Philosophie, sondern das Leben ist die Philosophie. Das ist mein altes Mißtrauen gegen die Literatur. Natürlich kann man sagen: wie kannst du das dem Leser über den Kopf gießen wie einen Eimer kaltes Wasser; das müßte man einbauen in das Vorhergehende. Dem halte ich entgegen, daß die Relativierung bereits in dem Flügelaltar-Konzept liegt. Der Fremdenführer lebt in derselben Welt wie Murad und Klokmann und die anderen Figuren. Aus dem Zusammendenken aller dieser Figuren ergibt sich das barocke Welttheater. In Salzburg gibt es diese barocken Dioramen. Man sieht da, in Miniatur, Bauern, Handwerker, Priester, der König kommt daher geritten, und oben thront der Herrgott. Das ergibt ein wunderbares Weltbild, jeder hat seinen Platz. So ähnlich ist das 15000 Seelen-Projekt. Nichts ist da fertig, alles läuft weiter, eins geht ins andere über. Der Ford von Komödie hat zu tun mit dem Studenten von Der Aufstand, und die Beziehung von Susanne zu ihrem Kind in Mann & Frau entspricht der Beziehung zum Kind in Komödie. Durch meine Poetik tritt das alles getrennt voneinander auf. Wenn man das zusammenzudenken vermag, relativiert das eine das andere. Wenn sich der Leser darauf einläßt, man spürt das fast, ist etwas Neues in den Käfig eingetreten. Wie im Krug die Nüsse, das eigentliche Leben, so schafft man einen semantischen Käfig, den man abwägen und beurteilen kann. Im Leben ist das ja nicht so, das Leben läuft für sich.

Nun könnte es Leser geben, die könnten sagen: zum Teufel mit einem Projekt, das mich verpflichtet, fünf Bücher zu lesen, damit ich sie annähernd verstehe. Ich will ein Buch lesen von Peter Rosei und nicht fünf.

Das Risiko muß ich eingehen. Allerdings ist der Leser nicht verpflichtet, auch nur ein einziges Buch zu Ende zu lesen, wenn es ihm nicht gefällt. Das ist der große Vorteil der Literatur, das ist klar. Dann gibt es aber auch die Bücher, die einen nicht loslassen, zu denen man immer wieder zurückkehren muß.

18

Was ist eigentlich die Bedeutung des entfernten Freundes in Komödie? Es wird immerfort von ihm gesprochen, er selbst taucht nur ganz kurz einmal auf. Er bleibt eine ziemlich abstrakte Figur, physisch abwesend, doch sonst immer anwesend, wie der entfernte Freund im "Urteil" von Kafka.

Mit Kafka hat das nichts zu tun. Der Freund ist die bürgerliche Folie für den Helden, den Fremdenführer. Das Leben des Helden hebt sich ab von diesem Hintergrund, denn der Held ist ja herausgetreten aus seiner gewohnten Umgebung. Der Freund dagegen hat sich nie aufs Spiel gesetzt; er ist geblieben, wo er war. Er träumt von einem Reihenhaus mit Birken davor. Der Fremdenführer sucht zumindest nach einer höheren Art von Zufriedenheit, von Glück. Dabei hat er natürlich Schuld auf sich geladen, die trägt er mit sich herum. Und so weiter. Wenn da jemand an Kafka erinnert wird, macht das überhaupt nichts aus.

Das Unvernünftige, das Nicht-intendiert-Vernünftige fährt ja immer mit, und es ist das gute Recht des Lesers, anders zu lesen als intendiert. Für den Walfisch ist das Meer etwas anderes als für den Matrosen auf einem Schiff. Die Matrosen sollten nur nicht glauben, sie wüßten mehr von dem Meer als der Walfisch. Das glauben die Schriftsteller mit der Priester-Attitüde. - Ich bin keineswegs bescheiden. Ich weiß, daß ich auf einigen Gebieten gut informiert bin. Zur gleichen Zeit weiß ich aber auch, daß mein ganzes Wissen nichts ist im Vergleich zu dem, was ich nicht weiß. Die Vernunft, die ich keinesfalls verachte, ist nur ein Handwerkszeug von vielen.

Mit der Vernunft ist auch Ihrem Roman 15000 Seelen nicht beizukommen. Was soll das alles, fragt man sich immer wieder. Ich lasse daher erst einmal einen Herrn Adam zu Wort kommen, der in der Berliner Tageszeitung das Buch als "Geniestreich" bezeichnet. Wovon berichtet werde, meint Herr Adam, das sei abstoßend, widerlich, schrecklich. Hier kann ich ihm noch folgen. Er kommt dann aber zu dem Schluß, das alles sei zum Totlachen, und er setzt noch einen drauf, indem er von einem "befreiten Lachen" spricht, einem Lachen der ulysses'schen Art. Da komme ich nicht mit.

In der Divergenz der Auffassungen ist eigentlich schon alles gesagt. Für mich ist das eine Satire der modernen Industriegesellschaft, eine Art Pamphlet, das noch über die Satire hinausgeht. Ich kann ein Denkmal aus der Froschperspektive anschauen, und ich kann es von oben herunter anschauen. Friedrich der Große schaut von unten sicher majestätisch und eindrucksvoll aus, von oben dagegen schaut er nur grotesk aus. Das ist eine Frage der Perspektive. Den Leistungswahn, den Rekordwahn wollte ich schon lange mal aufs Korn nehmen. Sprachlich bin ich ihn mit seinen eigenen Mitteln angegangen. Ein Pasquill könnte man das auch nennen. Etwas Besonderes innerhalb meiner Arbeit ist das insofern, als die Satire, überhaupt alles Ironische, bisher dort nicht vorgekommen war. Der Mittelteil des Projekts über unsere moderne Gesellschaft ist eben diese Karikatur, diese Spottschrift, vor der man entsetzt zurückprallen kann. Man kann aber auch herrlich darüber lachen, lachen also über das Entsetzliche. Es gibt ja jenseits des Entsetzlichen auch ein Gelächter, ein freies Gelächter.

Entsetzt zurückgeprallt bin ich eigentlich nicht. Ich konnte nur die Gesellschaft nicht mehr erkennen in dieser Satire. Die Kluft zwischen den beiden Welten ist zu groß, ich kann mich darin nicht wiedererkennen. Ich kann das höchstens als Horrorvision der Zukunft sehen.

Angesichts der heutigen Bedrohungen fällt einem manchmal nur noch das Lachen ein. Mir jedenfalls geht es so. Über Tschernobyl beispeilsweise kann man sehr gut lachen, ein schreckliches Lachen. Und angesichts der erklärten Absicht unserer Politiker, auf dem Wege der Kernenergie weiterzuschreiten, trotz Tschernobyl, stellt sich bei mir dieses schreckliche Lachen fast automatisch ein. Die Leute bekommen massenweise Krebs, die Kinder sterben, ganze Landstriche müssen geräumt werden, und direkt neben uns, in der Tschechoslowakei, baut man jetzt fünf neue Kernkraftwerke: als ob nie etwas passiert wäre! Es gibt nur zwei Möglichkeiten, darauf zu reagieren. Entweder man wendet Vernunft an und versucht, die Leute vor dem Teufelskreis zu warnen, oder man geht auf den Markt und wälzt sich vor Lachen über den Wahnsinn. Genau das passiert in 15000 Seelen, und das sieht der Herr Adam ganz richtig: es ist zum Totlachen, ich lach mich tot.

Nur würde ich da nicht von einem befreiten Lachen, sondern von einem irren Lachen sprechen.

Die Verhältnisse selber sind ja irr. Der Unterschied zwischen Wirklichlichkeit und Satire ist gar nicht so groß, wie Sie meinen. Es ist doch Irrsinn, Kinder aufzuziehen und gleichzeitig Maschinen zu bauen, die diese Kinder umbringen sollen. In Kanada, in Nova Scotia, ist mir folgendes passiert: Wir sind dort durch einen riesigen Wald gefahren, stundenlang, und waren froh, endlich einmal weg zu sein von den Fabriken, der Industrie. Wir kamen dann zu einer schönen, großen Meeresbucht und entdeckten gegenüber ein rundes, stecknadelgroßes Objekt, das größte Atomkraftwerk der ganzen Region. Da muß ich zu lachen anfangen, zuerst über mich selber, der ich glaubte, mich aus unserer Industriegesellschaft entfernen zu können, und dann über die Menschen dort, die in einer idyllischen Landschaft leben und gleich nebenan diese Vernichtungsapparatur aufgestellt haben. Wackersdorf wurde nur zugesperrt, weil die Preuß A.G. sagte, das Ganze sei nicht rentabel; die Demonstranten hätten noch jahrelang marschieren können, das wäre ganz sicher nicht zugesperrt worden. Oder, noch alltäglicher: Ich gehe in einen Supermarkt in Québec und will etwas kaufen. Das Angebot an Waren ist aber derart groß, daß ich mich gar nicht mehr zurecht finde -- wie ein Kind, das einen Lutscher haben will und man gibt ihm gleich fünfundzwanzig zur Auswahl.

Also keine Horrorvisionen der Zukunft, sondern die Menschen und die Welt hier und jetzt.

Ja, hier und jetzt, nur eben als Karikatur. Schauen Sie sich doch die Zeichnungen von Honoré Daumier an, dann haben Sie die Leute, wie sie damals in Frankreich lebten, mit ihrer ganzen Verschlagenheit und heuchlerischen Bosheit, nur eben übertrieben, zugespitzt. Oder denken Sie an Monsieur Homais in <u>Madame Bovary</u>, diesen Apotheker. Natürlich gibt es <u>so</u> keinen Monsieur Homais, das ist Karikatur. Und so sehr übertrieben ist mein Klokmann gar nicht. Es gibt hunderte von Reisenden, deren Kraft sich darin erschöpft, daß der Umsatz hoch und immer höher steigt. Das Buch der Rekorde gibt es, wo man nachlesen kann, wer die größte Anzahl von Wurstsemmeln in fünf Minuten gegessen hat.

Das ist keine Erfindung von mir. Und es gibt auch das Publikum, das zuschaut. Und in großen Kaufhäusern gibt es immer wieder Veranstaltungen, um einen Rummel zu erzeugen. In Fernsehshows gibt es Wettbewerbe, wo Menschen auf einem Fußboden, der mit Schmierseife eingerieben worden ist, auf einem Tablett irgendwas servieren müssen und dann zum Gaudium der anderen hinfallen. Das ist doch alles schrecklich, entsetzlich. Die Welt ist voll von solchen Abscheulichkeiten. Wenn man das noch einmal konzentriert, um es vorzuzeigen in seiner ganzen Abscheulichkeit, schrecken die Leute erst einmal zurück in einer Art Fluchtimpuls: Das sind wir nicht. In Europa zumindest werden die alten Werte nur noch heuchlerisch hochgehalten. Die alte Solidarität der Sozialdemokratie ist längst ausgehöhlt von dem Prinzip: immer mehr verdienen, immer mehr konsumieren. Die christlichen Werte sind zu einer Fassadenideolgie verkommen. Gottseidank haben wir sie noch, diese Fassadenideolgie; ein bißchen funktioniert sie ja noch, sie kann immer einmal angerufen werden. Vital bestimmt wird die Gesellschaft vom Verdienen, von der rollenden Mark, vom Markt.

Es gibt auch noch die Grünen.

Natürlich, das ist so eine Art franziskanischer Gegenbewegung, in ihren Ursprüngen jedenfalls. Und Sie sehen ja, wie das jetzt läuft bei den Grünen. Das stagniert bei den gewissen acht Prozent; das sind die Leute, die früher in ein Kloster gegangen wären oder alternative Gesellschaften gegründet hätten, die ausgewandert wären. Diesen alternativen Prozentsatz hat es immer gegeben. Die entscheidende Mehrheit hat sich dafür entschieden, weiterzumachen wie bisher, mit kleinen Kurskorrekturen, damit sie nicht sofort krepiert. Alle Politik ist erst einmal Wirtschaftspolitik. Die Brutalität der Marktwirtschaft wird ein bißchen übertüncht, abgeschwächt durch Erinnerungen an die Kultur, die durch Subventionen geschützt werden muß.

Ihre Helden haben nicht mal diese Erinnerungen, sie leben ganz und gar in der Gegenwart. Das Wort Kultur ist für sie ein Fremdwort, sicher gehört es nicht zu ihrem Wortschatz.

Ich vernehme immer wieder die Behauptung, Kultur sei ein Bedürfnis. Das ist aber nicht ernst gemeint, und das wird auch nicht ernst genommen. Ernst genommen wird, was möglichst viel Geld einbringt. Die großen Verlage bringen nur noch Bücher heraus, von denen man sich einen hohen Umsatz verspricht. Darunter, auf der zweiten Ebene, gibt es die kleineren Verlage, die mit Subventionen dahinvegetieren, als Hobby von Liebhabern. In den Buchhandlungen in den USA gibt es nur ganz wenige Titel, die aber in ungeheuren Mengen. In der Nähe von Universitäten gibt es vielleicht noch mal eine Buchhandlung europäischen Zuschnitts. In diese Richtung bewegen wir uns auch in Europa, Richtung Buchkaufhaus, Umschlagplatz von wenigen erfolgreichen, massenmäßig verkaufbaren Büchern. Das Komplexere, Kompliziertere kommt in eine Ecke oder auf die zweite Etage, das hat keinen vitalen Wert. Das ist Liebhaberei.

Wenn Sie Ihren Figuren Namen geben, denken Sie sich etwas dabei. Ragusa ist der frühere Namen von Dubrovnik, was nun ganz sicher in die Irre führt. Herr Adam, der Sie bewundert, hat da gar keine Probleme. Ragusa ist für ihn Medusa, Misterioso ist Cagliostro und Mephisto in einem. Und wenn wir schon bei Mephisto sind, dann sind Faust und Wagner auch nicht mehr weit. Ein Wagner zumindest tritt tatsächlich auf in 15000 Seelen. Ich weiß aber nicht, ob solche Überlegungen sinnvoll sind. Die Mehrheit der Leser kann sicherlich weder mit Cagliostro noch mit Misterioso etwas anfangen.

Natürlich denke ich mir etwas bei den Namen. Das sind Felder, die damit gemeint sind. Medusa ist sicher eine richtige Assoziation zu Ragusa. Ein Schriftsteller geht lange herum und überlegt, ob der Namen paßt, ob er, für sich selber, das Bedeutungsfeld auch richtig markiert. Er muß dann das Risiko in Kauf nehmen, daß andere Leute ein anderes Bedeutungsfeld damit verbinden. Ich habe mich schon amüsiert, wenn es einen Tischler gibt beispielsweise, der Fischer heißt, wo sozusagen ein umgekehrtes Bedeutungsfeld angeboten wird. Manchmal spielt einem die Sprache da einen Streich. Man überlegt sich einen Namen, der Namen scheint eine genau umrissene Kontur zu haben, aber der Leser kann das nur teilweise nachvollziehen, und manchmal geht er total in eine andere

Richtung. Dieser Tücke der Sprache ist man ausgeliefert. Ich kann mir vorstellen, daß jemand bei dem Namen "der große Gatsby" zu lachen anfängt, obwohl das von Scott Fitzgerald gar nicht so gemeint ist. Das soll viel eher etwas Generöses symbolisieren.

Sie gehen das Namensproblem in 15000 Seelen selber an, doch weichen Sie dann in einen Scherz aus: "Namen von Romanfiguren haben immer etwas Peinliches: Weshalb denn gerade dieser Name, fragt sich der Leser. -- Wir nennen den Mann auch nur so, weil er tatsächlich so heißt." Jetzt lachen Sie, und das ist auch lustig. Das Spiel geht aber weiter, indem Sie eine Steigerung von "tatsächlich" erfinden: "Ganz tatsächlich hieß er, der Wahrheit den Vortritt zu lassen, Klockmann, mit CK und doppeltem N." Im Laufe des Romans verwandelt sich der Name mehrmals, sodaß er am Ende wieder Klockmann heißt, in der Urform. Jetzt erhebt sich die Frage: Ist das wirklich nur ein Spiel?

Er hat seinen Namen verändert, damit man ihn auf englisch aussprechen kann. Als soziale Strategie hat er diese Überanpassung gewählt. In dem Maße, in dem er geschäftlichen Erfolg hat -- das ist ja typisch für unsere Gesellschaft --, kann er sich selber realisieren, kann alle Seiten seiner psychischen Erbschaft dokumentieren. Das nimmt man ihm dann als Persönlichkeit ab. Am Anfang muß er sich sozusagen zurückschneiden, dann kommt er ins Wuchern und kann wieder seine Konsonanten anlagern. Das ist ein Phänomen, das man in Firmen oft entdecken kann, weniger am Namen als am Blühen der Persönlichkeit. Es gibt viele Späße dieser Art in dem Buch. Der Anfang imitiert Die toten Seelen von Gogol, Tschitschikow heißt dort der Held. Er kommt auch an, in dieser kleinen russischen Stadt. In einer Kutsche. - Das sind so kleine Spielereien, die ich eingebaut habe. Die toten Seelen ist ja eine ganz ähnliche Karikatur von der Gesellschaft. Natürlich hat es diese Figuren in solcher Kraßheit nie gegeben.

Das Ende von 15000 Seelen ist, objektiv gesehen, alles andere als lustig. Dennoch wird es sprachlich, durch eine Floskel, in die Nähe des Komischen gerückt: "Es sah schrecklich aus.

Und das war es auch." Durch den lakonischen, saloppen Ton wird das Schreckliche wieder dem großen Gelächter preisgegeben, von dem Sie vorhin sprachen.

Ich mag die Kassandra-Haltung nicht. In der Literatur wimmelt es geradezu von Weltuntergängen. Von Haus aus ist Kassandra eine traurige Figur. Wenn sie recht hat, geht alles unter, ein sehr peinliches Rechthaben also. Außerdem kann ich solche Großaufnahmen nur mit Ironie bewältigen, weil ich selber dazu gehöre. Ich lebe nicht auf einem anderen Stern, sondern ich bin ein Teil dieser Gesellschaft. Insofern ist es angemessen, daß man über sich selbst auch lacht. Andernfalls wäre es eine Anmaßung oder eine Zumutung. Die Leute haben es ja gern, wenn der Autor von einem anderen Stern kommt. Sie sind zutiefst autoritätsgläubig und hätten gern, daß der Schriftsteller direkt von einem Wahrheitszentrum kommt. Das ist eine masochistische Liebe zum Überlegenen.

Gegenüber dem Schriftsteller.

Nein, überhaupt, gegen Politiker, Gurus jeder Art. Die Menschen haben eine Erlösungssehnsucht, die ich zutiefst verstehe. Sie suchen aber einen falschen Ausweg, indem sie ihre Sehnsucht an einzelnen Personen aufhängen und denen dann eine Kompetenz zuschreiben, welche sie gar nicht haben können. Deshalb ist diese Rolle als Erlöser auch so ungemütlich. Erlösen kann man sich nur selber, wenn überhaupt. Jemand anders kann das nicht besorgen, dieses Geschäft. Argwohn gegen Schriftsteller und Bücher ist sehr vernünftig, und ich schüre ihn auch gern, diesen Argwohn gegen mich selbst.

Also Jünger und Anhänger suchen Sie nicht, auch keine kleine Gemeinde.

Nein, das wäre für mich schrecklich. Das wäre ein Ausnutzen von psychologischen Schwächen.

Die Bezeichnung Führer wurde nicht zufällig gewählt. Ein Führer ist jemand, der die Verantwortung übernimmt und führt, die anderen geben die Verantwortung auf.

Nur tritt das heute viel subtiler auf. Im Gegensatz zu vielen Sozialpsychologen glaube ich nicht nur, daß die Menschen in die Falle gehen, weil ihnen Fallen aufgestellt werden, sondern daß sie gern in die Fallen gehen, weil es dort so wohlig, so angenehm ist. Sie brauchen endlich einmal nichts mehr zu entscheiden, nichts mehr zu verantworten.

In allen Ihren anderen Büchern gestehen Sie Ihren Figuren eine bestimmte Würde zu. In 15000 Seelen werden sie behandelt wie Ungeziefer. Das meinte Herr Nebel, ein Bekannter von mir, wenn er sagt, das sollte man mit Menschen nicht machen, auch wenn es sich nur um Romanfiguren handelt.

Sollen -- das ist ein Gebot, und jedes Gebot muß sich auf etwas stützen können, in diesem Fall wohl auf eine humanistische Grundhaltung. Die Würde wird aber bereits in der Realität zutiefst verletzt, ich zeige das nur auf. Die gleichen Vorwürfe wurden schon oft erhoben, gegen Rousseau oder gegen Freud beispielsweise. Seit der Aufklärung versucht man aber, den Finger auf die wunden Stellen zu legen. Die Autobiographie von Rousseau wird bis heute von konservativen Kreisen als Verzerrung des menschlichen Gesichtes empfunden und abgelehnt. Er sagt aber nur, was wahr ist, was er als wahr empfindet. Über der Frankfurter Oper steht: Dem Wahren, Schönen, Guten. Ideal wäre nun, wenn man alles gleichzeitig haben könnte, wie auf drei Würfeln: auf einem das Wahre, auf dem anderen das Schöne, auf dem dritten das Gute. Wenn man aber nach dem einen greift, rollen die beiden anderen erst einmal davon. Ich greife zuerst einmal nach dem Wahren; wenn es geht, auch nach dem Schönen; und das Gute, wie wir schon beim letzten Mal feststellten, sollte dann erfolgen aus den ersten beiden. Da das meistens nicht der Fall ist, muß man sich entscheiden. Das erwähnte Gebot läuft doch darauf hinaus, daß die Wahrheit beschnitten werden sollte, wenn sie verletzt. Eine Poetik, die von vornherein fordert, daß die Wahrheit beschnitten wird, wenn sie weh tut, ist nicht akzeptierbar. Ich will ja wissen, was vorgeht. Nur dann kann ich hoffen, etwas zu verändern.

Im Fall Rousseau führt das dann dazu, daß er, im heißen Bemühen um das Wahre und Schöne, das Gute unter den Tisch fallen läßt und seine fünf unehelichen Kinder ins Waisenhaus steckt. Und das waren Waisenhäuser, die wahrscheinlich nicht zu verschieden waren von den rumänischen Waisenhäusern unter Ceausescu.

Sein eigenes Leben war ja auch schrecklich. Aber selbst wenn er in Saus und Braus gelebt hätte, als er die Kinder ins Waisenhaus steckte: sein Buch hat eine Tür aufgestoßen zu Zonen des Menschen, die man vorher schamhaft versteckt hatte. Natürlich waren das keine Geheimnisse, die er bloßlegte; das war alles bekannt, das Onanieren beispielsweise, und man hat wahrscheinlich darüber gelacht. Nur in die literarische Öffentlichkeit durfte sowas nicht dringen, das war offiziell verpönt. Dann kam ein Jahrhundert der Enthüllungen, und heute liegen diese Wahrheiten auf dem Marktplatz. Der Vulgär-Freudianismus unserer Zeit ist schon wieder kontraproduktiv, aber die Entwicklung in ihren Anfängen war richtig und notwendig, obwohl sie unangenehm war. Wenn 15000 Seelen ein Schlag ins Gesicht ist, tut mir das leid. Ich kann aber nichts dafür. Die Verhältnisse sind eben so.

In 15000 Seelen wird zum ersten Mal in Ihrem Oeuvre Musik erwähnt, vorher war das eine musiklose Welt. Und die Musik, die hier vorgeführt wird, ist keinesfalls eine Musik, die den Menschen zum Menschen macht, wie die Musik in der "Verwandlung" von Kafka beispielsweise. Die Musik in 15000 Seelen gehört ganz und gar zu dem wüsten Treiben dieser wüsten Welt.

Meine Sprache selber ist durch und durch musikalisch. Sie ist geprägt vom Vokalklang, von rythmischen Vorstellungen, besonders die frühen Arbeiten. Wenn Sie 15000 Seelen laut vorlesen, merken Sie, daß da viel Sinn für musikalische

27

Proportionen drinsteckt. Musik hat für mich sehr mit Mathematik zu tun. Von Musik wird nicht geredet, das stimmt, thematisch ist Musik ausgeklammert.

Musik gehört sicher nicht zu Ihrer täglichen Nahrung, Mozart und Beethoven werfen Sie nicht um.

Nein. Ich gehen nie in Konzerte, nie in die Oper, ich mache keine Musik, ich höre auch keine Radiomusik und kaum Schallplatten. Musik ist für mich eher störend. Aber ist das so wichtig?

Agatha Christie, die vornehmlich von Mord und Totschlag schrieb, war eine sehr sanfte, empfindliche Seele. In was für einem Zustand haben Sie 15000 Seelen geschrieben? Bei Ihnen liegen abgeschnittene, abgerissene Gliedmaßen, Kinderköpfe und Kinderleichen, Arme, Beine, Hände, Füße, Finger, Ohren, Zehen herum. An apokalyptischen Massakern fehlt es nicht. Ist ein Schriftsteller heiter und vergnügt, wenn er solche Visionen hat? Zu dieser wüsten Welt passen auch die Tiere, die dort vorkommen -- Ratten, Krähen, Geier, Würmer, Spinnen, Schmeißfliegen, Fledermäuse und so weiter.

Mein lieber Herr Schwarz, wenn Sie heute das Fernsehen anstellen, bekommen Sie die Kinderleichen, abgerissenen Köpfe und so weiter hier in Ihr Wohnzimmer serviert. Ich erfinde doch keine exotischen Bizarrerien. Das ist doch der Alltag heute. Die Medien Klokmans, die unsere Medien sind, bringen Berichte möglichst life vom Sterbenden, wenn er seine letzten Worte röchelt, zum Teil mit Musik untermalt in Jugendsendungen. Die berühmten Bilder von den irakischen Giftgasangriffen, mit Rockmusik untermalt, kommen als Nachrichten zum Abendessen. Wirklichkeit und Artefakt mischen sich da in einer schrecklichen Weise. Insofern ist das keine Vision, sondern Verdichten von Erlebnismaterial. Meine Stimmung beim Schreiben war wie immer. Ich habe versucht, wie immer, möglichst genau zu sein, das Konstrukt möglichst anzureichern, es anschaulich zu machen, die Korrespondenzen richtig darzustellen, den Zusammenhang der Ideen. Den ersten Entwurf habe ich in Amerika geschrieben; aber das war Zufall, weil ich damals gerade dort war. In Wien habe ich es zu Ende geschrieben. Guter Dinge war ich da, vielleicht mit dem Hintergedanken, nur keine Sepsis, nur nicht anstecken lassen, nur nicht verrückt werden. Der Schrecken ist da, man braucht ihn sich nur vor Augen zu führen. Das sind keine Hieronymus Bosch-Visionen, wobei damals die Kriege und Grausamkeiten ebenso existiert haben. Natürlich kann man die Augen auch schließen, aber besser wird davon nichts. Nein, man darf sich nicht abwenden, sondern man muß hinschauen, immer wieder, und das ist nicht sehr angenehm. Es ist ein Versuch, den Schrecken zu fassen: wie hängt das zusammen, wer erzeugt ihn, wozu dient das alles, wer macht da mit und so weiter. Und dann das Ganze von sich stoßen: da habt ihr es, schaut es euch mal an, das christliche Abendland. Schriftsteller sein ist keine besonders lustige Sache.

Wenn Sie ein Buch anfangen, wissen Sie dann von vornherein, wo es hingeht? Der eine Schriftsteller denkt ein Jahr lang nach, dann schreibt er das Buch, das in seinem Kopf fertig ist, mehr oder weniger fertig ist, aufs Papier. Ein anderer macht zwar einen vagen Plan, heftet Zettel an die Wand, der Fahrplan selber aber ergibt sich im Laufe des Schreibens.

Ich würde mich in die Mitte zwischen den beiden Extremen situieren. Bei dem Projekt der 15000 Seelen habe ich genau gewußt, welche Bücher ich schreiben wollte, welchen Inhalt sie haben würden. Wie nebelhafte Inseln eines Archipels habe ich das alles vor mir gesehen. Die Zusammenhänge waren klar. Aber: wenn man ein Kind erzieht, dann erzieht man sich selber mit, weil man in dem Prozeß selber drin ist. Wenn man ein Buch schreibt, schreibt man das nicht nur für andere, man schreibt es gleichzeitig für sich selbst. Insofern lernt man und baut das aus. Beim Schreiben wird einem vieles klar, in einer Art Dialektik zwischen Geschriebenem und Schreibendem. Das ist keine Einbahnstraße, es rinnt kein Fluß von Zeichen vom Schreibenden zum Geschriebenen. Der Schreibende steht mitten drin im Zusammenhang, und das Ergebnis kann sich sehr vom ursprünglichen Plan unterscheiden. - Außerdem strebe ich "offene" Bücher an. Nach dem letzten Satz möchte ich nicht sagen: Punkt, that's it, that's the world, die Predigt ist zu Ende. Was bleiben soll, ist ein atmendes Gebilde, zu dem noch viel zu sagen wäre.

Gestern äußerten Sie sich kritisch über Leute, die die Welt erklären, wie Rudolf Steiner. Immerhin war Ihnen Steiner eine Reise nach Dornach wert.

Ja, wegen der Architektur, das hat mich interessiert. Ein Ausflug zu Steiner bringt nicht viel ein. Steiner verwendet viele große Worte und Begriffe, die er nicht erklären kann. Da gehe ich lieber gleich zu Goethe, da steht das Gleiche, aber vernünftig vermittelt, pragmatisch. Oder zu den <u>Gesprächen mit Eckermann</u>, da ist alles drin in einem Ton, der einem das Annehmen viel leichter macht, weil es nicht so predigerhaft, so prophetenhaft daherkommt. Man kann da zurücktreten und sich wundern über verschiedene Urteile, die Goethe fällt, über die Todesstrafe zum Beispiel. Auch widerspricht er sich manchmal in seinen Gesprächen, was ich sehr sympathisch finde. In diesem Kontext lasse ich mir die Lehren und Weisheiten, die er im Laufe eines langen Lebens angesammelt hat, ausprobiert hat, ausgedacht hat, die ihm zugefallen sind, die lasse ich mir gefallen, weil sie beiseite gesagt werden, auf niemanden zugeschnitten sozusagen. Wenn sich aber jemand eine gestickte Weste anzieht und sich auf ein Podest setzt, dann blicke ich sofort zum Ausgang. Das Priesterhafte ist mir unerträglich. Woher nimmt Steiner nur seine Legitimation? Das dauernde Reklamieren von höheren Welten ist absolut unüberprüfbar. Ich bin bereit zu lernen, aber das zu Lernende muß nachvollziehbar sein.

Behauptet Steiner aber nicht, alles was er verkündet, sei nachvollziehbar? Dann läge es im Ermessen des Einzelnen, ob er sich darauf einlassen will oder nicht.

Die ganze Rabulistik, die ganze Beweisführung von Steiner gefällt mir nicht. Zu seiner Zeit lebten Russell, Wittgenstein und Freud, zum Beispiel. – Steiner operiert mit Worten, die keine Entsprechung in der Wirklichkeit haben, die also sinnlos sind. Wenn jemand sinnlose Worte gebraucht, schalte ich ab. Wenn jemand glücklich ist, dann ist das ein starkes Argument für mich. Wenn mir zum Beispiel jemand sagen würde: Du machst dir Gedanken, du zerbrichst dir den Kopf und schreibst ein Buch nach dem anderen. Die Farmer, die du hier vom Fenster aus siehst, die brauchen deine Bücher nicht, die sind glücklich ohne deine Bücher, überhaupt ohne

Bücher. Das ist für mich ein starkes Argument. Das kann ich überprüfen. Ich kann mit den Leuten reden, und sie werden mir wahrscheinlich bestätigen, daß sie nie ein Buch gelesen haben und daß sie nicht wissen, was Philosophie ist. Wenn sie mir dann sagen, daß sie sehr zufrieden sind, zwingt mich das zum Nachdenken. Wenn mir aber jemand was erzählt von höheren Welten, die er gesehen haben will, dann denke ich überhaupt nicht nach, dann höre ich gar nicht mehr zu.

Dann gibt es natürlich die anderen, und das ist wahrscheinlich die Mehrzahl, die nicht zufrieden sind und die nach einem Strohhalm blicken, an den sie sich anklammern können. Und dann kommt Steiner oder ein anderer, und sie klammern sich fest. Und die Priester hier werden auch in Anspruch genommen, vielleicht nicht von dem einen Farmer dort drüben, aber dann sicher vom nächsten.

Das läßt sich alles verifizieren. Im Tagebuch von Kafka wird Steiner ganz vorzüglich dargestellt, die ganze Problematik.[*] Steiner hat ja Vorträge gehalten in Prag, Kafka hat ihn besucht, und er gibt uns eine vorzügliche Schilderung dieser Begegnung. Das Eindrucksvolle an Steiner ist da gut festgehalten, aber auch das Scharlatanhafte, Guruhafte, das schwindlerhafte Operieren mit Begriffen. Typisch ist Steiners Wohnung in Berlin, ich habe zufällig ganz in der Nähe gewohnt, am Nollendorfplatz, heute ist das Viertel ganz anders. Steiner hat in der Nähe seiner reichen Kundschaft gewohnt, an der Quelle sozusagen. Alle diese Gurus haben eine ähnliche Sozialpraxis. Sie beschäftigen sich weniger mit den Unterlegenen als mit den Führenden. Von dort aus üben sie dann ihre Macht aus über die Umhergetriebenen.

Heimatlose, Umhergetriebene sind eigentlich alle Ihre Helden. Von einigen weniger wichtigen Figuren abgesehen sind sie alle unterwegs, ohne feste Orientierung oder Stützpunkt, von hier nach dort. Rosegger und Anzengruber gehören sicher nicht zu Ihren literarischen Ahnen, und die meisten Ihrer Helden tragen

---

[*] Tagebucheintragungen vom 26. und 28. März 1911.

nicht einmal eine Erinnerung an eine verlorene Heimat mit sich herum. Dabei sind Sie selber doch ziemlich seßhaft. Sie sind in Wien geboren und in Wien aufgewachsen, Sie leben in Wien. Natürlich haben Sie eine Reihe von Reisen gemacht, aber nicht in dem Sinne wie Handke, der nur noch in Hotels und auf der Landstraße lebt.

Das ist nur scheinbar ein Widerspruch. Ich würde mich selber nicht als seßhaft bezeichnen. In Wien habe ich zwar eine Wohnung, aber da bin ich nur den kleineren Teil des Jahres. Es hängt vor allem von der Arbeit ab, wo ich mich aufhalte. Außerdem fühle ich mich überall sofort zu Hause, zumindest in den von mir kritisierten Industrieländern. In Kanada, in den USA, in Rußland, in Europa überhaupt fühle ich mich überall zu Hause. In Wien fühle ich mich wie überall, nicht heimischer und nicht weniger fremd, obwohl ich mich dort gut auskenne. Eine der wenigen Tugenden der Österreicher ist es ja, daß sie keinen Nationalismus haben und keinen nationalistischen Stolz. Das gilt besonders für die Wiener. Wien war immer ein Schnittpunkt, ein internationaler Schnittpunkt von Wegen und Ideen. Man geht nach Wien, und man geht wieder fort von Wien. Zu Wien habe ich kein besonderes, kein besonders inniges Gefühl, eher schon zu unserer Kultur, zu unserer versinkenden, versunkenen Kultur.

Wenn wir von einigen Kurzgeschichten absehen, bleiben auch Familienbeziehungen, Vater-Sohn, Eltern-Kinder, weitgehend ausgespart. Familie ist ja auch eine Art Heimat, sogar dann noch, wenn es keine schöne Heimat ist. Thomas Bernhard zieht einen Teil seiner Inspiration aus dem Wüten gegen die alten Bindungen. Vater, Mutter, Schwestern, Brüder, wie in dem Lied, kommen bei Ihnen nicht vor, sehr im Gegensatz zu Ihrem angeblichen Vorbild Kafka.

Das ist wahr, aber warum das so ist, vermag ich nicht zu sagen. Vielleicht einfach, weil mich der unbekannte Teil der Welt immer mehr gereizt hat als das Bekannte. Die Familie, das ist das Bekannte, da kommt man her, das ist die Heimat. Ich habe mich immer hinausgewendet, ich habe immer eine große Neugier gehabt. Der unbekannte Rest hat mich mehr interessiert als mein

Herkommen. Vielleicht war es der irreale Wunsch, diesen unbekannten Rest auszufüllen. Ich gehe in Québec herum wie zu Hause, ich fühle mich hier zu Hause, so friedlich, so aufgenommen, so verletzt, so ergrimmt wie zu Hause.

Freud würde an Ihnen nicht viel Spaß haben. Ich meine, Sie laufen nicht hier herum voller Haß auf Ihren Vater, voller Wut auf Österreich. Woran denken Sie, wenn Sie hier herumlaufen?

Natürlich lege ich auch hier den Maßstab des Gewohnten an, und das Gewohnte, das ist für mich vor allem Österreich, Süddeutschland, Ungarn und die angrenzenden Länder, Jugoslawien natürlich. Die angelernten Farbskalen und Geruchsskalen und Temperaturskalen wird man nicht los, an denen mißt man ja, ob man das bewußt tut oder nicht. Ich schaue mich hier um und stelle fest, daß die Umweltzerstörung, das Wuchern der Städte, das brutale Vorgehen gegen die Natur hier nicht anders ist als bei uns, mit dem Unterschied, daß die Natur hier große Reserven bereit hält, die von den Strategien der Menschen noch nicht eingeholt worden sind. Ich gehe hier herum, als ob ich einen Forschungsbericht abgeben müßte. Vielleicht kann ich das irgendwann auch einmal verwenden -- vielleicht auch nicht. Daran denke ich aber nicht.

Bei Wilhelm Busch heißt es einmal: "Schön ist es auch anderswo, und hier bin ich sowieso." Das ist anscheinend nicht Ihr Fall. Jetzt, da Sie in Québec sind, verlieren Sie keine unnützen Gedanken an Österreich, an Europa.

Québec, das ist mir schon wieder zu groß, zu unbestimmt. Ich bin jetzt in St-Isidore. Da sind die Ulmen und dort der Fluß, der schneidet sich ein in den Felsen auf diese Weise, das ist wahrscheinlich dieser oder jener Stein. Das vergleiche ich mit unseren Felsen, und dann fallen mir Bezüge ein zu irgendwelchen vorgefertigten Ästhetiken, also Bildergalerien, wo man ähnliche Lösungen gefunden hat. Ich wundere mich auch, warum die Québecer Maler mit diesen Pastelltönen arbeiten, wo doch die Natur überhaupt keine Pastelltöne anbietet. Das Licht ist meistens sehr klar hier. Gewisse Farbtöne sind so wie bei Claude Lorrain,

Stimmungen wie bei der Donau-Schule, auch die Sonnenuntergänge, Grünewald-artig sogar. Ich vergleiche meinen Bildervorrat mit der Wirklichkeit -- so könnte man das ausdrücken. Spielereien, wenn man so will, schauen, aber letzten Endes dankbar, daß ich das darf.

Die Tradition steht Ihnen immer zur Verfügung, Sie können jederzeit darauf zurückgreifen. Sie stehen mit zwei Füßen in der europäischen Tradition.

Natürlich, und zwar ganz deutlich abgehoben gegen Amerika. Ich bin Europäer. Dazu eine Episode, die ich rührend fand: Wittgenstein war einmal zu Gast in Amerika, bei Norman Malcolm in Harvard, glaube ich. Dort ist er krank geworden und hat zu den Ärzten oder den Krankenschwestern gesagt: "I don't want to die here. I am an European." Das ist mir absolut verständlich. Unsere Parameter sind doch andere, das ist ganz deutlich. Unsere Kulturlandschaft wird zwar immer mehr überformt von der kapitalistischen Gesellschaft -- sagen wir von der industrialistischen Gesellschaft, um einen neutraleren Begriff zu haben, aber ich sehe mich durchaus in der alten Tradition. Wir denken lediglich neue Strategien aus und wenden sie an.

9. Juli 1990

*Ich lese ein Buch vornehmlich zum Vergnügen, weniger um
irgendwelche Theorien vom Roman dort verwirklicht oder
verfehlt zu sehen. Ihr vorläufig letztes Buch Rebus ist ja ein
äußerst kurzweiliges Werk, was nicht ausschließt, daß es
ausgesprochen dröge Kapitel gibt. Nun kann ein Roman nicht
nur aus Höhepunkten bestehen, wie schon Döblin feststellte.
Und damit die Höhepunkte zur Geltung kommen, damit sie
überhaupt erst zu Höhepunkten werden, muß es wohl
Flachstellen geben. Hatten Sie so etwas im Sinn beim Schreiben
von Kapiteln wie "Das Umspannwerk"?*

"Das Umspannwerk" ist ein theoretisches Kapitel, in bewußt
kaltem, intellektuellem Stil geschrieben, wie Rebus überhaupt eine
Stilparade ist, in den verschiedensten Stilen geschrieben. Der Stil
wird diktiert von dem jeweiligen Inhalt der Kapitel. Ihre Frage zielt
letzten Endes auf die Architektur des Buches hin. Die Architektur
von Rebus ist in erster Linie diktiert vom Material. Das Thema ist
die moderne Großstadt. Jetzt stellen Sie sich einmal die Frage: wie
kann man das erzählen, das Durcheinander von Meinungen, von
Lebensläufen, von Absichten in jeder Hinsicht, privat und politisch.
Die moderne Großstadt ist ein dichtes Netz von Beziehungen, die
auf den verschiedensten Ebenen spielen. Die hergebrachten
Romankonzepte sind dafür nicht mehr tauglich. Von einer einzigen
Seite kann man das nicht mehr ins Visier bekommen. Deshalb
gliedere ich das Ganze in Subsysteme, die sich zusammenfügen zu
dem großen System, der Großstadt. Da gibt es die sozialen
Subsysteme der Gastarbeiter, der Angestellten, der Industriellen, der
Anschaffenden -- die ganze Boheme, die intellektuelle Kunstszene.
Da sind die Subsysteme der Welterklärungen, linke, alternative,
konservative, und alle streben und wollen das Netz unaufhörlich
verändern und umbauen nach ihren Vorstellungen. Das muß man
irgendwie ausdrücken können. Also: wie montiere ich die
Subsysteme zusammen, daß erstens daraus das System Großstadt
entsteht und man erkennen kann, das ist die Großstadt am Ende des

zwanzigsten Jahrhundert, und daß zweitens daraus ein lesbarer Text entsteht, ein Text, bei dem man ein Lesevergnügen haben kann. Das war die Ausgangslage. Intellektuell hat so ein Projekt natürlich eine riesige Spannweite. Man muß alle diese Subsysteme genau erforschen und kennen, wenn man sie beschreiben will. "Das Umspannwerk" ist im Grunde ein abstraktes, zynisches Modell dessen, was aus unserer Gesellschaft unter Umständen werden kann: manisch konsumierende Parasiten, die sich absondern von der Umwelt und von der Natur, von der alles kommt, die sich abheben in eine Art Autarkie, die natürlich mißlingen muß. Wesentlich an Rebus ist, daß man alles in Interferenz lesen muß. Die Kapitel ergänzen sich im Kopf des Lesers zu dem großen System. In der Welt von Rebus gibt es keine Naivität. In der Stadt sind die Menschen naiv nur dadurch, daß sie nicht schauen wollen. In Wirklichkeit könnten sie sehen, daß ihre Wünsche und Hoffnungen konterkariert werden von den Wünschen und Hoffnungen der anderen. Zu ihren eigenen Bestrebungen müßten sie sich fortlaufend sagen: es gibt genau die gegenteiligen Bestrebungen, und die funktionieren auch. Das ist das Wesentliche an der Großstadt. Ich hatte keinen Vorgänger bei diesem Versuch.

Ulysses ist auch ein Roman einer Großstadt; Joyce jedoch hat einen alten Mythos genommen und hat ihn neu ausstaffiert, mit neuer Bedeutung gefüllt. Ich wollte nicht nur die Oberfläche der Großstadt darstellen, sondern die Ideen, die die Menschen dort bestimmen, die Uhrwerke, nach denen das Leben in diesen Subsystemen abläuft, zum Beispiel in einem Bürobetrieb oder in einem Kreis, in dem man ein paar Jahre in die Schule geht, dann arbeitet man vierzig Jahre und ist Pensionist, bis zum Tode beurlaubt. Das Ganze kann man sich als eine Art völkerkundlicher Forschung vorstellen. Zuerst muß man erst einmal erkennen, wie leben diese Leute eigentlich. Vordergründig erscheint das Leben ja kompakt und ausgefüllt. Es kann nicht anders sein. Das muß man dann einmal auseinandernehmen, aufteilen, sehen, wie das alles funktioniert. Danach kann man alles wieder zusammenbauen, in der Synthese, zu einem Text, der Roman und Analyse gleichzeitig ist. Daneben ist Rebus natürlich ein Scherz, ein großer Scherz, über die Erkenntnismöglichkeiten. Ich habe eigentlich schon immer versucht, neue Modelle zu erfinden, in der Milchstraße zum Beispiel oder in dem 15000 Seelen-Projekt, nur hatte ich damals noch andere Vorstellungen. Ich glaube, daß ich mit Rebus näher ans Leben herangekommen bin, indem ich die Ordnungsvorstellungen, die ich von der Welt besitze wie alle anderen Leute auch, weggelassen habe. Auf diese Weise konnte sich das Leben selber organisieren zu einem Text. In den Anfangskapiteln werden einfach die Leute vorgestellt, die verschiedenen Kreise. Am Anfang liest man scheinbar ziellos wie in einem Rätsel herum. Man ist ziemlich ratlos. Langsam organisiert sich dann alles, nimmt Form an. Man beginnt zu erkennen, wie alles zusammenhängt. Man hat eine lange Anfahrt, dann vernetzt sich alles, als ob man den Boulevard Laurier hinunterfährt und dann eins nach dem anderen erkennt: in der Unterstadt wohnen die Ärmeren, auf dem Berg, wo die bessere Luft ist, wohnen die sogenannten besseren Leute, im Quartier Montcalm wohnen die Studenten, dort wiederum kehren die Touristen ein. So ähnlich erkennt man in Rebus, wie eine Stadt sich organisiert. Der moderne Schriftsteller muß viel wissen, doch um seinen Text zu organisieren, muß er die Details erst einmal vergessen können.

Kokett ist Ihr Wechsel von gespielter Unwissenheit auf der einen Seite und Allwissenheit auf der anderen. Einerseits das insistierende "vielleicht": "Der hätte ihr Vater sein können, und vielleicht war er es auch." "Links stand Kunz mit seinem Whiskey, Harper's glaube ich." Andererseits weiß der Erzähler auch die intimsten Regungen und Gedanken, was natürlich nicht Inkonsequenz ist, sondern ein hübscher Kunstgriff.

Das ist verwandt mit der romantischen Ironie. Wenn ich erklären kann, wie eine moderne Großstadt funktioniert, dann kann ich in aller Bescheidenheit erklären, wie unsere Kultur überhaupt funktioniert. Von der Absicht her ist das Buch umfassend. Deshalb ist die Ironie dem Ergebnis und mir selber gegenüber angebracht, sonst würde das unerträglich. Einerseits glaube ich, daß ich ziemlich viel erkennen kann. Andererseits bin ich ein Teil dieses Apparates und habe bestimmte Hemmungen. Ich habe selber meine Geschichte, ich kann nicht objektiv erzählen. Meine ganzen Muster sind kritische Muster, sie nehmen Stellung. Rebus ist ja Kritik dieses Modells Großstadt. Eine weitere Einschränkung ist die Sprache. Sprechen heißt die Welt von vorgefertigten Bildern her interpretieren, Bilder, die man im Kopf hat, auf die Bilder übertragen, die man sieht und erfährt. Der Zustand des Relativen nötigt mich immer wieder dazu, mich über die Mittel lustig zu machen, indem ich sie ausstelle. Man sieht, und man soll sehen, wie es gemacht ist. Rebus tritt nicht auf, als ob es von Gott in die Feder diktiert worden wäre. Man erkennt förmlich: da bemüht sich jemand, etwas zu fixieren, und gleichzeitig macht er sich lustig über sich selber und über die Methoden, die ihm zur Verfügung stehen. Einerseits der maßlose Ehrgeiz, die Strukturen unserer Kultur zu erkennen, andererseits die Erkenntnis der Unzulänglichkeit der Mittel. Lévi Strauss sagt in seinen Erinnerungen, daß man wohl eine Anzahl von Fakten, die man erkannt hat, aus dem Leben isolieren und miteinander in einen sinnvollen Bezug setzen kann. Darüber also kann man schreiben: das ist die moderne Familie, das nennt man Freizeit. Als Romanautor kann man größere Gruppen von Fakten zusammenstellen, sodaß der Leser sich umsehen kann, manchmal langsam, manchmal schnell, um zu erkennen, wie die Bezüge sind. Vielleicht hat er noch Vergnügen dabei. -- Ringsherum ist ein riesiger See von Unwissenheit und Unerklärtem. Das Unerklärte kann man nur mit dem Lachen ausfüllen oder mit dem Glauben. Die Ironie ist weniger Koketterie als Selbstironie.

Zum Stichwort Ironie: während in 1500 Seelen die satirische Grundhaltung dominiert, ist es hier, in Rebus, die ironische. Schon die Kapitelüberschriften sind meist ironisch zu verstehen. Ihre Ironie ist eher unaufdringlich, sie entsteht oft durch das Nebeneinander von Disparatem, zum Beispiel von kosmischen und allerbanalsten Details: "Die Tür zum Saal stand auf. Offene Türen verkörpern die Verheißung. Die Türflügel waren aus gerieftem Messingblech." Als ob es darauf ankäme.

Je älter man wird, desto mehr sieht man ein, daß das Unmögliche unmöglich zu erreichen ist -- die Worte sagen nur scheinbar, daß das eine Tautologie ist. Daraus entsteht ein verständlicher Zorn einerseits, der verleiten kann zu radikalen Mitteln, zu Pamphleten beispielsweise, ja, zur Wut. Die gegenläufige Bewegung besteht daraus, daß man den Kopf hebt und sieht, wie diese Wut sich einfügt in den groben Raum, den man einfach nicht füllt. Dadurch neigt man wieder zu einer milderen Betrachtungsweise. Rebus pendelt hin und her zwischen diesen beiden Möglichkeiten. Zum Teil ist es mit der kalten Wut geschrieben, gerade "Das Umspannwerk". Man kann noch so viele Methoden beherrschen und sich noch so bemühen, man kann auch poetisch über ein großes Instrumentarium verfügen -- das Meiste bleibt unerklärt und unbegriffen. Daher die Ironie der eigenen Arbeit gegenüber, der immer etwas Lächerliches anhaftet. Wenn jetzt die Leute von der Chaos-Theorie reden, muß ich lachen, ob ich will oder nicht. Sei es in der Mikrostruktur vom Leben oder in Soziologie, Psychologie und Medizin, rund um all die kleinen Modelle ist doch die unendliche Masse von Dingen, die wir nicht wissen. Das war mir immer bewußt. Jetzt wird diese Masse in die Mitte gerückt als Chaos. Mir nötigt das keinen Ernst ab, sondern ein Lächeln, den eigenen Anstrengungen gegenüber. Die Theorien, die von der Befreiung des Menschen gesprochen haben, Befreiung von den alten Mythen und Beschränkungen, haben daraus ihren Optimismus geschöpft und geglaubt, diese neue Freiheit könne man in eine neue Fröhlichkeit verwandeln. Ich habe das nie geglaubt. Das krasse Mißverhältnis zwischen dem Gesicherten, das man weiß und worauf man sich verlassen kann, und dem Ungesicherten ist so enorm, daß jede Fröhlichkeit als Programm von vornherein ausgeschlossen ist. Es gibt sie nur als Geschenk, hin und wieder. Die Entfesselung des Menschen am Ende des vorigen Jahrhunderts, sei es aus religiösen oder anderen Begrenzungen, hat uns keinesfalls in das Land der Verheißung geführt. Wir müssen kämpfen.

Das Wort "Waldsterben" sei literarisch unbrauchbar, meinen die westdeutschen PEN-Autoren und vermeiden es. Peter Rosei benutzt es, ironisch gebrochen zwar als Kapitelüberschrift, und es riecht keineswegs nach Predigt und Parteiprogramm. Das waren ja wohl die Befürchtungen der westdeutschen Schriftsteller. Ihr politisches Credo scheint überall durch, auch durch die Ironie und die zynischen Dialoge.

Deswegen nenne ich Rebus ein kritisches Modell -- weil durchscheint, welche Wünsche und Absichten ich verfolge. Das ist natürlich eine Beschränkung, aber anders kann ich mich gar nicht äußern. Marc Aurel sagt: Die Welt ist Meinung. Das ist ein richtiger Satz, doch zeigt er unmißverständlich, wo die Beschränkungen liegen. Meinung ist nichts Objektives, nichts Gesichertes, sondern etwas Persönliches, eine Meinung unter vielen. Darin liegt die Beschränkung. Weiter kommen wir nicht, wir können nur Meinungen haben. Weiter bringen wir es nicht als Menschen. In Rebus versuche ich der Beschränkung zu entgehen, indem ich den Text anreichere mit Interferenzmöglichkeiten. Die Kapitel lassen sich im Kopf des Lesers verschieden zueinander in Beziehung setzen. Anders gesagt: die Möglichkeiten sind nicht arithmetisch eins plus eins plus eins plus eins, sondern eins plus eins mal zwei mal drei. Die Kapitel multiplizieren sich im Kopf. In dem Sinne läßt sich Rebus nie auslesen. Man kann immer ein Kapitel zu allen anderen in Beziehung setzen, was zu einer unendlichen Menge von Möglichkeiten und Auslegungen führt. Meine eigene Meinung, die in Rebus als Kritik erscheint, wird dadurch gnädig relativiert. Ein kritisches Modell, ja, das aber andere Meinungen durchscheinen läßt. Bücher dieser Art lese ich selber gerne. Wir sprachen schon neulich über die Gespräche mit Eckermann. Dort sieht man sehr klar die Meinungen von Goethe, aber gleichzeitig läßt sich das Buch für ganz andere Zwecke gebrauchen, die dem Herrn von Goethe vielleicht sogar unsympathisch wären. Das ist eine gute Struktur, wenn man einesteils etwas erfährt vom Subjekt und andererseits das Werk als Trampolin benutzen kann oder als Geheimtreppe, die zu etwas ganz anderem führen kann. Von einem Hügel kann man sich ja auch nach den verschiedensten Seiten umsehen. So etwas ist Rebus, so etwas soll es sein.

Sie nennen Rebus Roman, obwohl es den gängigen Definitionen vom Roman keinesfalls gerecht wird, also nicht einmal eine Fabel hat, sondern aus Episoden, Momentaufnahmen, Essays, Dialogen besteht.

Daß das Wort Roman auf dem Umschlag steht, ist das Werk des Verlages, nicht meines. Man kann das aber jederzeit Roman nennen, nur ist es ein Roman à rebours, ein Roman gegen den Strich geschrieben. Im herkömmlichen Roman organisiert der Autor die Fakten so, daß eine kohärente Welt entsteht. Ich organisiere nur die Fakten, die Kohärenz muß der Leser selber herstellen. Der Leser ist der Autor bei Rebus. Als Witz erscheint diese Rolle des Lesers im Buch selber. Natürlich könnte man von einem Anti-Roman sprechen, denn immerhin spielt es mit der Romanstruktur. Es ist kein philosophischer Essay oder ein Lehrbuch, obwohl es das alles auch ist, nebenbei. Primär ist es ein Roman. Ich hätte mit demselben Material ein Lehrbuch schreiben können: Zur Soziologie der modernen Großstadt. Oder: Ideengeschichte der modernen Großstadt. Ich habe aber das Material im Kunstraum organisiert, wobei die Abstände eh immer kleiner werden. Viele moderne wissenschaftliche Bücher sehen aus wie Belletristik, Gregory Bateson Geist und Natur zum Beispiel. Das könnte man ohne weiteres in die Literaturabteilung stellen. Lévi-Strauss und der amerikanische Völkerkundler Clifford/Geertz schreiben wissenschaftliche Bücher, die künstlerisch organisiert sind. Scherzhaft ausgedrückt: es gibt die literarische Literatur und die wissenschaftliche Literatur. Doch überall werden nur Meinungen produziert. Etwas Besseres gibt es nicht.

In Rebus bewegen wir uns näher am Leben, wie Sie sagten, also näher der für uns erkennbaren Wirklichkeit. Ihre Figuren werden wohl ironisch behandelt, aber immer mit einem Minimum von Respekt, nicht also wie in Ihrem 15000 Seelen-Roman, wo nur Karikaturen von Menschen erscheinen.

In 15000 Seelen haben wir keine psychologisch aufgebauten Individuen mit einer Geschichte, sondern Typen, wie es sich für eine Karikatur, ein Pamphlet geziemt. In Rebus tauchen, wenn auch vereinzelt, Personen auf mit einem Recht auf eine eigene Geschichte, voll entwickelte Menschen quasi. Der Respekt stellt sich da von selbst ein. Das heißt aber keineswegs, zu allen diesen Menschen der modernen Großstadt sei ein normales menschliches Verhältnis möglich. Das ist das Schreckliche an der Großstadt. Dazu gibt es einen lesenswerten Aufsatz von Benjamin: "Baudelaire. Ein Lyriker im Zeitalter des Hochkapitalismus". Im Dorf kennt man ja den anderen. Der Dorfbewohner tritt auf als Mensch mit einer Geschichte. Wenn man da wohnt, kennt man die Geschichte, den Namen, die erkennbaren Eigenschaften. Das Wesentliche an der Stadt ist, daß man mit unendlich vielen Menschen eng beisammen wohnt, von denen man so gut wie nichts weiß. Das ist an sich schon ein unmenschlicher Zustand, der latent sehr gefährlich ist. Die größten Verbrechen und Grausamkeiten sind diesem Zustand zu verdanken. Bei der stärksten Vernetzung, bei einem Unmaß von Kommunikation besteht eine riesige Leere zwischen den Leuten: sie telephonieren miteinander, schreiben sich Briefe, faxen neuerdings, sie haben dauernd Besprechungen, aber sie wissen nichts voneinander. Die Möglichkeiten, miteinander in Kontakt zu treten, die Kommunikationsflüsse werden immer besser, und in einer Art Implosion funktioniert das andererseits immer schlechter : Der Verkehr bricht zusammen, das Telephon ist besetzt, man erstickt in der Dreckluft, man ertaubt im Lärm. Das ist das Paradox der Großstadt, aber seit etwa der Mitte des neunzehnten Jahrhunderts haben die Leute auf die Karte der Stadt gesetzt. Vorher war das Wissen untergebracht in Klöstern und Bibliotheken, meist auf dem Land, dezentralisiert. Seitdem wird immer mehr Macht und Wissen an einigen wenigen Punkten angehäuft. Weite Räume konzentrieren das Ergebnis ihrer Anstrengungen in der Zentrale, in der Stadt, mit immer besseren Vernetzungen. Die Maschine Stadt wird dadurch immer komplexer und subtiler, bis sie am Ende nicht mehr funktioniert.

Charakteristisch für Ihre Prosa sind Erzählsplitter, die scheinbar wahllos auftauchen und auch keine erkennbare Konsequenz hinterlassen. Ihre Texte bestehen aus einem nicht unbeträchtlichen Grad aus solchen Splittern. Nur ein Beispiel aus Rebus: "Letztens hab i a Kind g'segn, auf der Straßen, was schillernde Schmetterlingsflügel umg'schnallt g'habt hat." Nie wieder hören wir von dem Kind noch von den tausend anderen Episoden ohne offensichtlichen Zusammenhang. Nun ließe sich argumentieren, das Leben bestehe zu einem hohen Grad aus solchen zusammenhanglosen, sinnlosen Splittern. Es bleibt die Frage: Woher tauchen diese Statisten auf? Sind sie Phantasiegebilde, Erinnerungsfetzen, Figuren aus dem Zettelkasten?

Den Zettelkasten können wir ausschließen, der existiert nicht. Nur bei Rebus habe ich so etwas Ähnliches angelegt, aber nicht für Figuren, sondern für Ideen. Jede Geschichte baut sich ja aus kleinen Episoden auf. Den großen Entwurf kann ich nicht sehen, der würde konzeptuell eine andere Weltsicht verlangen. Die Poetik ergibt sich aus der allgemeinen Weltanschauung, wie man in

Deutschland sagt; aus der philosophischen Einstellung zur Welt fällt die Poetik heraus. Ich traue dem einzelnen Menschen nicht zu, daß er umfassende Projekte verwirklicht. Sein Leben ist eine Art Gewurstel, Pfusch, alles ist unvollkommen, unvollendet. Die Poetik spiegelt das wieder, das Mißtrauen gegen große Ideen, gegen umfassende Visionen. Das erzählerische Interesse wendet sich dem zu, was der Mensch wirklich treibt, und das ist: A gedacht, B gemacht, C geworden; und dann setzt er wieder an, wie ein Baum, wo auf jedem Zweig ein kleinerer Zweig und auf dem wiederum ein noch kleinerer Zweig sitzt. Der klassische Erzähler glaubt daran, daß man das Leben beschreiben kann auf Grund eines Musters, das über weite Räume trägt. Als ob das Leben ein inneres Korsett hätte, Strebepfeiler, die sinnvoll zusammenhängen. Der Mensch steigt nach diesem Muster in das Leben wie in ein Boot, das ihn zielstrebig an das andere Ufer oder in den Hafen trägt. Dieses Bild habe ich nie gehabt. Die Strömungen, auf denen der Mensch treibt, sind nicht definierbar: sie bekommen mal einen Namen, der dann wieder geändert wird. Wie soll ich da Geschichten erzählen, in denen der totale Zusammenhang herrscht, Geschichten mit einem roten Faden? Die Matrix der Poetik ist die allgemeine Weltanschauung, sie ist ihr negativer Abdruck. Daraus folgt die Methodenvielfalt, die Vielfalt der Stile, die Verlorenheit der Episoden, die Ironie, weil alles paradox ist, was da erzählt wird. Ein herrliches Vergnügen wäre es für mich, wenn mir jemand eine andere angemessene Poetik für diese Welt vorstellen würde, mit Beispielen aus der Wirklichkeit.

Die Frage ging eher dahin: wo kommen diese lebendigen, prallen, unverwechselbaren Episoden gerade in dem Moment her, zum Beispiel das Kind mit den schillernden Schmetterlingsflügeln oder die Frau, die ihre Brille verloren hat und sie von Tür zu Tür sucht.

Das ist der Abdruck der Idee. Die Frau, die ihre Brille verloren hat, sieht die Wirklichkeit nicht richtig. Sie sieht alles verschwommen, und der Erzähler der Episode bleibt von diesem verschwommenen Sehen nicht unberührt. Das ist ein Subtext, der strukturiert ist; wie in einem Orchester, wo die Violine die Melodie spielt und die anderen Instrumente die Begleitung. Diese Auftritte sind scheinbar sinnlos, rufen aber im Leser eine gewisse Geneigtheit, Gestimmtheit hervor. Also keinesfalls willkürlich, sondern sehr bewußt und kalkuliert. Ganz bewußt und kalkuliert. Stellen Sie sich vor, jemand zeigt Ihnen sein Haus, dann sagt er doch: Hier ist das Wohnzimmer, da lese ich abends, dort ist unser Eßtisch und so weiter, und dann sagt er unvermittelt, ohne weitere Erklärung: Dort ist auch noch ein Raum. Jetzt wird das Vorhandensein dieses Raumes alles Andere anders aussehen lassen, denn Sie werden sich fragen, was ist jetzt in diesem Raum dort. Eine solche Funktion haben die Subtexte. Ironisch formuliert: Gerade das Disfunktionale an den Episoden -- sie haben keinen Sinn, sie führen nirgendwo hin -- gerade das ist ihre Funktion. Sie irritieren den Hauptstrang durch dieses unsichere Gefühl, das das Leben für mich hat.

Rebus ist das erste Buch von Ihnen, das geographisch fixiert ist. Wien wird genannt, dazu erscheint Österreich in vielen sprachlichen Manifestationen, die es nur in Wien und Österreich gibt, zum Beispiel Matura, Paradeiser, Pawlatschen. Früher konnte man bei Ihnen bestenfalls erraten, welcher Ort gemeint war. In Rebus kann man von Wiener Lokalfarbe sprechen. Jetzt gibt es also nicht nur Romane über Berlin, Paris und Dublin, sondern auch über Wien.

Wien wird genannt, das stimmt. Gleichzeitig ist das Buch angereichert mit Merkmalen vieler anderer europäischer Großstädte. Der Name, unter dem diese Stadt hier läuft, ist gewissermaßen nicht richtig. Ich habe Wien verwendet, soweit es für meine Zwecke nützlich war. Ich habe mich aber nicht gescheut, Merkmale anderer Städte hineinzunehmen. Durch die weltweite Standardisierung ist das Lokale ohnehin im Rückzug. Die Austauschbarkeit von Städten mit zwei oder drei Millionen Einwohnern ist unbegrenzt. Schon die Ankunft in einer Stadt ist von der Ankunft in einer anderen Stadt kaum zu unterscheiden. Der Mechanismus, die Automatik sind die gleichen, das Hotel, die Nahrung, die Geschäfte, die Fußgängerzonen und die Einkaufszentren sind zum Verwechseln ähnlich. Das ist eine Matrix, die nur in Details erkennbar ist als Wien, München, Hamburg. Was man früher als das Typische empfunden hat, existiert kaum noch. Am ehesten trifft man das noch in der Subkultur an, dort geht es in Wien am wienerischsten zu, in der Vorstadt. In den Zentren hat sich der Standard des Industrialismus etabliert. Da gibt es nichts Spezifisches mehr.

Spezifisch ist die Sprache, die diese Menschen sprechen. Das ist weder Hamburg noch Berlin noch München, das ist Wien.

Ja, um so spezifischer, als es sozial weiter nach unten geht. Die Oberschicht redet eine funktionelle Sprache. Aber Sie haben recht, es ist eine Stadt aus Sprache, in Sprache konserviert und aufgehoben. Die Leute sind akustische Masken, die sich durch Kulissen aus Sprache durchquälen, und das Ganze ist aufgebaut nach Plänen, die die jeweilige Person als ihre Pläne empfinden würde; wie ein Theaterstück, das auf verschiedene Bühnen zerfällt: man kann von oben mal diesem Stück, mal jenem zuschauen. Insgesamt ergeben diese Substücke ein großes Stück. Oben drüber steht dann Wien, aber MacDonald's und Laura Ashley gibt es hier wie anderswo, und die Ähnlichkeiten gehen bis in die tieferen Schichten.

Über den Humoristen Peter Rosei hat sich noch niemand ausgelassen, soviel mir bekannt ist. Insbesondere Rebus ist, streckenweise jedenfalls, ein urkomisches Buch. Die Kapitel "City" und "Geistiges Potential", wo die Wiener Schickeria zu Wort kommt -- mit allen Wassern gewaschen, aber im Wiener Dialekt -- die Kapitel sollte man am besten lesen, wenn man alleine ist, um niemand durch Lachen auf die Nerven zu gehen. Wenn die Königinnen der Gesellschaft auf der Freitreppe zum Obergeschoß aufeinandertreffen, in "Gran Buffo", denkt man an die Begegnung von Krimhild und Brunhild, nur einige Stockwerke tiefer, vor allem sprachlich: "Tina: Gut, daß ich dich erwisch, du Hur". Ich bin geladen (langt ihr eine). Mir wirst du keinen Mäuserich mehr ausspannen! Olga: Schlampe! (schlägt zurück) Na warte! (Zack!)" Olga wird gleich darauf mit Elisabeth I von England verglichen. Im Vergleich zu Ihren frühen Bücher, die ziemlich humorlos sind, ist das recht erfrischend.

Auch frühere Bücher von mir sind schon von Humor geprägt, 15000 Seelen beispielsweise, nur ist der Humor da so schwarz, daß, nun, das ist eine Frage des Geschmacks. Auch der Humor in Rebus ist natürlich schwarzer Humor. Humor ist eine Frage des Standpunktes. Man kann eigentlich über alles lachen, wenn man den richtigen Standpunkt dazu findet. Hier ist es eine böse Lache über gewisse Erscheinungen.

Das Kapitel, das Sie angesprochen haben, "Gran Buffo" also, ist eine Farce, in den Prosatext hineingestellt. Diese Art von Humor unterliegt dem Prinzip der Steigerung, das wird immer greller, auch die Beleuchtung. Ähnliche Dinge gibt es bei Karl Kraus oder auch in Ulysses, in dem schönen Kapitel "Bloom in der Nachtstadt", der gleiche schwarze Humor in einer ähnlichen Theaterszene. Bei mir ergab sich das aus der Ökonomie des Romans. Ich mußte sozusagen ein grobes Finale inszenieren, und das habe ich den Damen in einer Art Opernszene bereitet, aber grell, farcenhaft. An das Nibelungenlied habe ich dabei überhaupt nicht gedacht. Wenn die Olga mit der Elisabeth I verglichen wird, dann ist das eine Allusion zu Shakespeare, wo es auch zu solchen dramatischen Szenen kommt. Hier ist es natürlich Opera buffa. Die Figuren erscheinen, wie sie dem Leser bekannt waren, nur übersteigert ins grotesk Opernhafte.

Sind die Wiener Salonlöwen -- Alf, Sir, Tina, Laura und so weiter -- Phantasiefiguren oder gab es da Modelle? Bei Thomas Bernhard hat sich der eine oder andere Wiener wiedererkannt. Vielleicht werden Sie jetzt mit der bekannten Formel antworten: Ähnlichkeiten mit lebenden Personen sind rein zufällig.

Ich will nicht ausschließen, daß mir da bestimmte Modelle vorschwebten, wie mir ja für das ganze Buch ein bestimmtes Modell vorschwebte, weniger Wien als die moderne Grobstadt. Die gleiche Szene, Boheme und Schickeria vermischt, ist auch in Berlin anzutreffen. Ich kenne sowohl in Berlin als auch in München ähnliche Treffpunkte. Hamburg bemüht sich krampfhaft, so etwas zu erwerben, dort fehlt es anscheinend an Boheme. (lacht) Was die Kapitel aufzeigen: Das Leben der Künstler als Boheme ist überholt.

Das Zurschaustellen von antibürgerlichen Manieren und Lebensweisen halte ich für kontraproduktiv. Der heutige Künstler muß wissen, muß lernen, muß sich umtun. Es genügt nicht mehr, ein Bücherwurm wie Arno Schmidt zu sein und sich bei Hannover in der Einöde zu verkriechen. Sein intellektuelles Rüstzeug erwirbt der Künstler nicht in einer bohemeartigen, romantisch geprägten Absonderung. Das entspricht nicht den heutigen Produktionsbedingungen. Benjamin meint dazu, der Flaneur führe der Gesellschaft vor, wie eine Prostituierte, daß er spazieren gehen kann, wenn die anderen arbeiten, und die anderen beneiden ihn deshalb und sagen: ein typischer Künstler, der steht um elf auf, empfängt ein paar Damen, dann kommt die göttliche Inspiration, und er schreibt seine Bücher oder malt seine Bilder. Für mich ist das eine Lebensweise aus dem neunzehnten Jahrhundert, die letzten Endes auch nur zu solchen Produkten führen kann, Produkten aus dem neunzehnten Jahrhundert. Die Geistesverfassung spiegelt die Lebens- und Arbeitsbedingungen wider. Heute braucht man vor allem einen klaren Kopf und ziemlich viel Information, um vernünftig an die Arbeit gehen zu können.

"Geistiges Potential" ist ein farcenhaftes Kapitel über das Treiben in intellektuellen Treffs und gleichzeitig eine Kritik des Strukturalismus und der Marxisten. Viele Intellektuelle wechseln immer nur das Obergeschoß. Sie gehen nie ins Leben, um eine neue Theorie zu entwickeln. Sie gehen in Bibliotheken und lesen neue Theorien, mit denen sie das Leben erklären. Diese Überbauakrobaten -- aber den Ausdruck möchte ich nur augenzwinkernd verwenden, weil ich kein Marxist bin im engeren Sinn, -- ich nehme aufs Korn die Leute, die modisch neue Ideologien sich aneignen. Wenn diese Ideologien dann außer Kurs kommen, wie der Pseudo-Marxismus oder Vulgär-Marxismus in den siebziger Jahren, laufen sie über zu einer anderen Ideologie, beispielsweise zum Strukturalismus. Heute lesen diese Leute wahrscheinlich moderne französische Philosophen, und in ein paar Jahren werden sie mir die Welt nach deren Muster erklären. Der Alf in "Geistiges Potential" ist so eine Protofigur. Sein Kontrahent ist Strukturalist, der die neue französische Philosophie gelesen hat. Als nächstes würde sich wahrscheinlich die Chaos-Theorie anschließen. Die Leute, die andauernd das Chaos im Munde führen, würden jetzt das Wort ergreifen, wenn das Kapitel weiterlaufen würde. Vor ein paar Jahren haben sie alle Wittgenstein oder Pasolini gelesen. Natürlich tritt auch eine Figur auf, die ganz vernünftige Ansichten vorträgt, die eine Übersicht gibt über die angebotenen Philosopheme.

Das ist der Namenlose, der sich als Laie vorstellt, der ein gestochenes Hochdeutsch spricht.

Ja, er gibt eine vernünftige Zusammenfassung aller Systeme, wobei schon durchschimmert, daß in ein paar Jahren alles veraltet sein wird.

Das sind spannende Dialoge, Einakter jeweils. Das ist natürliche, gesprochene Sprache, die sehr viel preisgibt. Wollen Sie sich nicht mal im Theater versuchen?

Ich habe bereits ein Stück geschrieben, das wird nächstes Jahr auch aufgeführt, im Schauspielhaus in Graz. Allerdings ist dieses Stück acht Jahre herumgelegen, niemand hat es spielen wollen, wahrscheinlich weil es nicht ins Repertoire paßte. Ich habe ja auch einige Hörspiele geschrieben. Vor vielen Jahren ist eine Auswahl davon erschienen. Die neueren liegen nicht gedruckt vor. Ich habe mich nicht darum gekümmert. Diese Sachen haben meine Hauptarbeit immer begleitet. Es waren Studien, die im Zusammenhang standen zum Beispiel mit Rebus. Ich habe dort Verschiedenes ausprobiert.

Wien, wie Sie sagen, könnte auch Berlin sein oder München, aber warum dann plötzlich Afrika, Revolution in Afrika?

Anspielungen auf die Dritte Welt gibt es immer wieder, obwohl die Dritte Welt selber ausgeklammert ist. Rebus ist der industrialisierte Norden, während der Rest der Welt, der mehr als zwei Drittel ausmacht, nicht vorkommt, nur als negative Folie, indem davon geredet wird, von einem Entwicklungshelfer zum Beispiel. Das ist aber immer nur Hintergrund der Geschehnisse. Man könnte sagen, das ist ein eurozentristisches Buch, der größte Teil der Welt kommt darin nicht vor. Die Völker in Indien oder Afrika etwa haben ihre Antwort auf das Leben gefunden, und diese Antwort wird bedroht durch den Industrialismus, der in diesen Ländern einsickert. Die alten Lebensformen dort werden zerstört. Die Frage ist: wird sich die Lebensform, wo es auf Geschwindigkeit, Vernetzung und Ausbeutung ankommt, durchsetzen, oder wird es zu Mischformen kommen? Werden diese Kulturen wenigstens einen Akzent beifügen können? -- Manchmal kommt es ja zu Berührungen. Manager von IBM adoptieren die esoterischen Lehren von Indien, mit Yoga und indischen Ernährungsregeln. Das sind manchmal sehr seltsame Ehen, weil die Diät und die Körperbeherrschung der Inder ein ganz anderes Ziel haben, ein religiöses Erlösungsziel. Die instrumentalisierte Mittelschicht im Industrialismus verwendet diese Methoden, um noch effektiver an der Ausbeutung arbeiten zu können. Die Instrumente werden den Leuten entwunden und umfunktioniert. Das alles interessiert mich brennend. Inwiefern entsteht da so eine Art Hellenismus? Der Hellenismus hat mir als Erklärung genützt und geholfen: an der Basis die Leistungsdoktrin und die Effektivitätsdoktrin, die andere Systeme und Muster anziehen, aber nur zu dem Zweck, um noch effektiver zu werden. Die römischen Ingenieure haben ihre Straßen angelegt und Kasernen gebaut, und gleichzeitig haben sie geschaut, was die Syrer machen am Abend: sie baden, machen Entspannungsübungen, haben bestimmte erotische Praktiken. Das alles haben sie in ihr Ingenieursdenken hineingenommen. In diesem Sinn wird ein Land der Dritten Welt, in Afrika, zum Schauplatz der Ideologiediskussion, die heute natürlich ein Kapitel weiter fortgeschritten ist. Wir sind jetzt erlöst vom real existierenden Sozialismus und brauchen nur zu hoffen, daß unser eigenes System sich noch mehr optimiert, noch mehr verbessert. (lacht) Zwischen den Mustern, nach denen sich die Menschen das Funktionieren der Welt erklären, und der Anwendung dieser Muster auf die Welt ist eine Art Rückkopplungsprozeß im Gange. So etwas schwebte mir vor bei dem Kapitel "Revolution".

Zwei Utopien, "Träume" und "Phalansterra": "Träume" ist trotz des verheißungsvollen Titels ein Albtraum, eine Horrorvision, die aber besticht und beeindruckt durch das Auftauchen von Erinnerungen, auch von so einfachen Wünschen wie "Mein Töchterchen würde ich noch gern mal sehen." Das macht betroffen in diesem Kontext. "Phalansterra" dagegen erscheint

als Wunschtraum, nicht als Zukunftsvision: "Und wie wird
Phalansterra entstehen? -- Durch euch!" Das ist Aufforderung
zum Handeln, das paßt zu dem vorhergehenden Kapitel
"Revolution".

"Träume" stellt den folgenden Bewußtseinszustand dar: die Heldin
erlebt die Katastrophe mit, aber sie versteht die Katastrophe zutiefst,
weil sie daran mitgearbeitet hat. Deshalb ist die Szenerie so
unheimlich. Wenn morgen hier ein Atomunfall passiert, kann
niemand sagen: ich habe davon nichts gewußt. Wir geraten dann
nicht unschuldig in ein Malheur, sondern wir haben aktiv daran
mitgearbeitet. Wir leben heute in vollkommenem Frieden und
gleichzeitig in permanentem Kriegszustand. Früher war das
säuberlich getrennt: entweder es war Krieg, dann war man aufs
höchste bedroht, oder es war Frieden, dann war man völlig
unbedroht. Heute haben wir eine neue Situation, die ein neues
Bewußtsein schafft. Wir arbeiten mit an dem Prozeß der
Selbstvernichtung, und gleichzeitig können wir ein Muster
entwerfen, wieso wir mitarbeiten an diesem Prozeß: angeblich damit
es noch besser wird. Dieser Circulus vitiosus ist abgebildet in der
Perspektive eines subjektiven Tagebuchschreibers. Als Leser kann
man von oben draufschauen und sagen, so wird es mir einmal
ergehen. Das ist das Teuflische an der Episode: die Frau versteht
die gegnerische Armee, alles kommt ihr ganz vernünftig vor, sie
selber wird in einem Großversuch eingesetzt als
Versuchskaninchen. Sie hätte es selber genau so gemacht. Jemand
geht in einen großen Supermarkt und wird dort betrogen. Er verläßt
den Supermarkt und sagt sich: Mein Gott, was bin ich da übers Ohr
gehauen worden. Dann fällt ihm ein, daß er in einem anderen
Supermarkt arbeitet und daß er die Leute auf die gleiche Weise
betrügt. Er befindet sich also in der gleichen Situation, nur: bei den
Atomspielereien geht es wirklich um Leben und Tod. Das ist die
negative Utopie, dahin gehört auch "Das Umspannwerk".

Zu "Phalansterra": Sie haben anscheinend ein Wort übersehen:
(sic!). Ein ganz kleines Wort: "Da der Mensch ohne ein großes Ziel,
ohne eine Idee nicht leben kann (sic!)".

50

*In unserem Kontext wird also die Möglichkeit vorausgesetzt,
daß der Mensch sehr wohl leben könnte ohne ein großes Ziel,
ohne eine Idee.*

Ja, aber mehr noch: das ist das Wort, das den ganzen Entwurf
ironisiert. Mir ist klar, daß man Entwürfe braucht. Man muß einen
Entwurf haben, und man muß ihn anwenden. Gleichzeitig muß man
sich darüber klar sein, daß das nur eine Möglichkeit ist. Jeder
Generallösung muß man immer kritisch gegenüber stehen, man muß
die Relativität sehen, auch bei alltäglichen Lebensäußerungen.
Nehmen wir an, heute ist Sonntag, wir fahren nach Québec, zum
Flohmarkt. Wir müssen aber gar nicht fahren, wir können uns
stattdessen entschließen, hier sitzen zu bleiben oder ein Beet mit
Radieschen anzulegen. Wir müssen aber auch kein Beet mit
Radieschen anlegen. Man muß sich also immer wieder die Welt
dazu denken mit ihren vielen anderen Möglichkeiten. Bei größeren
Entwürfen ist das deswegen so unerläßlich, als man da über das
Leben von anderen Menschen mitbefindet. Die meisten Utopien
gehen davon aus, daß die anderen gerne mitspielen in dem Theater.
Der andere hat jedoch das Recht, sich ein anderes Theater
auszudenken. Welche Stücke sollen gespielt werden, das ist die
große Auseinandersetzung. Ich, für meinen Teil, schlage ein Stück
vor, bemühe mich auch, daß mein Stück gespielt wird (lacht) in der
Realität des Alltags in Österreich. Als denkender Mensch aber kann
ich jeden Entwurf nur mit (sic!) versehen. Als Alternative zu
unserem kapitalistischen Wirtschaftssystem bleibt auf absehbare Zeit
der Sozialismus. Anders ausgedrückt: als Alternative zum
Privateigentum bestand immer schon die brüderliche Idee vom
Teilen, und sie wird auch weiter bestehen. Diese Anläufe tauchen
alle paar hundert Jahre in neuer Form auf, mal als Franziskanertum,
mal als Wiedertäuferbewegung, als pilgrim fathers, im neunzehnten
Jahrhundert natürlich mit einer Flut von Vorschlägen, der
Fourieristen, der Marxisten, der Anarchisten. Das war immer das
Gegenmodell zu dem Spiel: sei tüchtig und versuche dich gegen den
anderen durchzusetzen. Die Alternative zu dem eigentumsfixierten
Entwurf ist der solidarische Entwurf, wie auch immer gestaltet.
Wesentlich daran ist für mich, daß die Menschen ein Recht haben
auf diese Solidarität, daß das keine Gnade ist. Persönlich wende ich
mich gegen die Mitleidswirtschaft. Durch die Solidarität wird ein

Recht festgelegt. Das ist das Wesentliche an meinem Entwurf "Phalansterra". Malinowski hatte den sehr schönen Gedanken, der Kapitalismus sei ein Spiel, lustbetont, denn man spielt ja dauernd mit seinen Entscheidungen. Wenn es gut ausgeht, gewinnt man, wenn es schlecht ausgeht, verliert man. Das ist spannend. Der Sozialismus alter Prägung versuchte das Spiel zu beenden und den Plan an die Stelle des Spiels zu setzen. Das ist weniger lustbetont, denn man füllt nur die vorgegebenen Kästchen des Plans aus. Das ist zumindest eine Teilerklärung vom Versagen und von der Entartung des sozialistischen Modells. Wesentlich an diesen sozialistischen oder altruistischen Modellen wäre, daß der Spieltrieb zur Geltung kommt, libertär, föderalistisch, dezentral, daß der Mensch wieder im Mittelpunkt steht und daß das Recht auf Solidarität gewährleistet bleibt. Die richtige Richtung kennen die Menschen schon sehr lang, nur warten wir immer noch auf die Realisierung. Die Tatsache des Leidens von denen, die es nicht schaffen, die zurückbleiben, die unverschuldet ins Elend kommen -- von der Dritten Welt einmal ganz zu schweigen -- die verlangt nach einer Antwort. Man kann nicht immer nur wegschauen. In Rebus gehen die erwähnten Kapitel in diese Richtung, sie nehmen jenen Platz ein, jenes Gegengewicht. Über meine Sympathien gibt es eh keine Zweifel, aber als Schriftsteller halte ich meine Meinung im Zaun. Ich vertraue auf den Leser als einen mündigen Menschen, der sich sein eigenes Urteil formen kann. Ich will ihn ja nicht durch das Buch jagen wie eine Ratte durch das Labyrinth, die so schnell wie möglich durchrast, um am anderen Ende erleuchtet heraus zu kommen. Das ist nicht meine Vorstellung von Literatur. Oder noch spöttischer ausgedrückt: ein Buch ist kein Supermarkt, wo man den leeren Wagen hineinfährt und am Ende mit dem vollen Wagen herauskommt. Das Buch ist eher ein Vorschlag, ein Angebot, das System einmal zu verlassen und zu sagen: die ganze Richtung paßt mir nicht, es geht auch anders.

"Wer war der wartende Herr?", heißt es in "Straßenszene". Die Antwort ist kein Geheimnis, es ist der Autor. Nur: warum ist der Herr Rosei auf der letzten Seite plötzlich 1945 geboren?

Mein Datum habe ich aus Spaß verändert. Man soll ja sowieso zwischen Leben und Literatur einen kleinen Graben ziehen. Der Herr hat natürlich mit mir zu tun, aber ich bin nicht der Herr. 1945 ist überdies ein wichtiges Datum in unserem Jahrhundert. Seit diesem Jahr geht es in Richtung Heute. Was vorher war, kenne ich nur als Sage, aus Großmutters Munde, als das alte Europa, als Literatur natürlich. Aus eigener Anschauung kenne ich Europa nur, wie es seit 1945 geworden ist, die moderne Welt. Alles, was vor diesem Datum liegt, ist für mich Tradition. Das sage ich aber ohne Nostalgie.

Die letzte Seite in einem Buch braucht man nicht unbedingt zu verstehen, das Wesentliche ist ohnehin schon gesagt. In einem Film muß auch nicht alles aufgehen, dann fragen sich die Leute hinterher aufgeregt: was war denn das? So etwas schwebte Ihnen wahrscheinlich vor bei dem letzten Kapitel, mit nackten Knäblein auf dem Asphalt sowie erigierten, goldenen Penissen von Affen.

Ja, das letzte Kapitel ist ein kleines Gedicht, und das hat natürlich alles seinen Sinn. Vom Aufzählen sinnloser Dinge halte ich gar nichts. Man muß alles erklären können. Beim Gedicht muß man noch mehr wissen als sonstwo, weil die Verkürzung viel größer ist. Natürlich kann man auch zerstören durch Erklären. Aus diesem Grund ziehe ich vor, nichts darüber zu sagen.

Die Kritiker haben sich schon über die Engel beschwert, die bei Ihnen manchmal durch den Raum gehen ohne irgendwelche Konsequenzen. Was sind das für Engel? Zu Rebus: warum geht der Engel durch den Raum, nachdem die gelblichen Zähne des alten Kayman geschildert wurden? Wie soll der Leser den Engel einordnen?

In Rebus werden Engel erwähnt, um die Abwesenheit von Engeln zu signalisieren. Wenn in Österreich eine Unterhaltung stockt, sagt man: da ist ein Engel durch den Raum gegangen. Niemand weiß etwas zu sagen, und um eine Brücke zu finden, spricht man von dem Engel. Das ist eher eine peinliche Situation, und das meint der Wirt in dem Nobeltreff. Beim alten Kayman ist schon eher ein

Engel durch den Raum gegangen, aber das war mehr ein Engel des Bösen. In meinen früheren Büchern treten Engel nur auf Bildern in einer Kirche auf, in Die Wolken nämlich. Ich habe Engel immer als arbeitende Wesen gesehen, als die Arbeiter des Himmels. Sie müssen immer loben und preisen und singen, in der Offenbarung des Johannes zum Beispiel. Die Engel halten den Betrieb im Himmel aufrecht. In der österreichischen Barockmalerei gibt es natürlich sehr viele Darstellungen von Engeln, und dort vermitteln sie tatsächlich diesen Eindruck mit ihren breiten Arbeiterschultern. Mit Seraphologie und Mystik haben diese barocken Engel nichts zu tun, und der Himmel kommt für mich als Österreicher immer barock vermittelt daher. Den Himmel lernt man bei uns als Kind auf den Gemälden in der Kirche kennen. So sind sie auch in Die Wolken aufgefaßt. Mit irgendwelchen mystischen Engeln kann ich nicht viel anfangen.

In Rebus verzichten Sie weitgehend auf Beschreibung von Personen. Sie lassen die Person sich selber charakterisieren, weniger durch das, was sie sagt, als durch das, wie sie es sagt, durch ihre Sprache, durch ihre Sprachebene.

Ich sagte neulich schon, daß Rebus eine Welt aus Sprache ist. Natürlich hole ich mir dann alle Welten her, die möglich sind, also alle Sprachwelten. Viele Sachen lassen sich authentisch gar nicht anders ausdrücken. Die Hochsprache würde da nicht ausreichen. Die Großstadt ist sprachlich ein kleiner Kosmos. Die Leute sprechen meist die eine oder andere Mundart. Dann sprechen sie den Slang, den sie vom Fernsehen gelernt haben, also nicht Hochdeutsch, sondern das Synchronisationsdeutsch für amerikanische Filme, eine Sprachschicht, die man heute überall antrifft. Die Sprache der Werbung ist extrem wichtig, in Wortschatz und Gestus. Dann vielleicht noch die Kultursprache, die für Theater, Literatur und so weiter verwendet wird, die mit dem Alltag schon nicht mehr viel zu tun hat. Wenn man so redete, würden die Leute sagen: was redet der so geschwollen daher. Und wie unterhalten sich Wissenschaftler? Sie sprechen ihre Fachsprache, das ist meistens Englisch. Daneben reden sie oft ein kümmerliches Deutsch oder sie gefallen sich darin, auch noch gebildet zu sein. Das ist dann aber Schizophrenie, ein anderer Persönlichkeitsteil.

Und vielleicht haben sie im Hintergrund noch eine Kindheitsprache, die sie vielleicht mit ihrer Frau im Bett reden. So ungefähr schaut dann eine Persönlichkeit als Sprachmuster aus. Eine Homogenität in der Sprache gibt es nicht mehr. Das ist das Kennzeichen des modernen Menschen, daß er mehrere Sprachen spricht, in seiner Muttersprache, doch das Wort kann man gar nicht mehr verwenden im alten Sinn. Natürlich gibt es irgendwo in der Persönlichkeit den Komplex Muttersprache, der von der Mutter stammt, aber das ist mehrfach überlagert von den anderen Sprachwelten. Man könnte sich auch, als Scherz, eine Landschaftsbeschreibung vorstellen in Form einer Werbekampagne, eine Landschaft als Anpreisung, im Stil von Werbeprospekten. Und das wird wieder reproduziert in den Photos, die die Leute aus dem Urlaub zurückbringen, als Belege für die Sprache, die sie vorher über den Kanal der Prospekte und Fernsehinserate bekommen haben; die werfen sie bei der Rückkehr wieder aus als Photos und als Erzählungen. Damit ist der Kreis geschlossen, und das muß man einfangen. So kommt man zu der Sprachvielfalt, und beim Leser zum Verständnis der jeweilig abgebildeten Ebene. Hoffentlich.

"Das war alles zu lächerlich; und zu entsetzlich." Das ist ein Zitat aus Rebus, das sich erst einmal auf den maroden Kohn bezieht, das aber darüber hinaus eine gute Zusammenfassung des ganzen Buches ist. Auch der vorhergehende Satz sagt mit wenigen Worten viel: "Kohn hinkte schon, ging aber weiter." Das ist einfach und großartig, da denkt man an Franz Biberkopf.

Berlin Alexanderplatz ist ein Großstadtroman, der mich immer fasziniert hat, der aber als Modell grundverschieden ist von Rebus. Der Biberkopf steht bei Döblin ganz massiv im Vordergrund, daneben sein Freund Reinhold und auch das Mädchen. Dazwischen dann diese apokalyptischen Kapitel in einer Art Naturwissenschaftsjargon, so technoid ist das bei Döblin. Döblin faßte Berlin als eine riesige Maschine auf, in der die Menschen zu Brei zerquetscht werden, wenn sie nicht aufpassen, so wie der Franz Biberkopf. Die moderne Großstadt unserer Tage ist viel komplexer, genau so unmenschlich, aber viel komplizierter. Das funktioniert nicht mehr einfach nach dem Hebelgesetz und schön eingeteilt nach Klassen, das ist viel diffuser. Die Unterdrücker in der modernen Maschine sind meist auch die Opfer. Darum habe ich die Figur des Kayman so vereinfacht auf das Schema Karikaturkapitalist. Dieser Typus taucht nur mehr selten auf. Dominant ist heute der Manager, das ist der eigentliche Macher, der selber gar nicht der Eigentümer ist, der selber lohnabhängig ist, der aber die Maschine antreibt. Er ist Täter und Opfer in einer Person. Den dicken Kapitalisten, der die Leute ausbeutet und auf seinem riesigen Geldsack friedlich schlummert, den gibt es nicht mehr. An ihm entzündete sich die soziale Utopie des Sozialismus, des alten. Heute haben wir Struktureliten, die selber lohnabhängig sind und die im Grunde gar nicht wissen, für wen sie das Geschäft betreiben, weil die Eigentümer Anteilhalter sind an Kapitalscheinen und Aktien, meist anonym. In der Hauptversammlung der Aktiengesellschaften sollten alle Besitzer von Aktien auftauchen. Das tun sie aber nicht. Die Hauptversammlungen sind bloß Shows. Die Kleinaktionäre bleiben meistens zu Hause oder wählen sich einen Rechtsanwalt als Vertreter. Die Großaktionäre schicken ebenfalls ihre Vertreter. Also: wem gehört eigentlich General Motors? Die Frage ist äußerst schwierig zu beantworten. General Motors gehört verschiedenen Gesellschaften, die wiederum anderen Gesellschaften gehören, und das alles verstreut über viele Länder, weil sich das Kapital ja längst länderübergreifend organisiert hat, also über die nationalen Grenzen hinweg. Wem die Arbeit eines Managers oder unterer Angestellter zugute kommt, wissen diese Leute doch gar nicht. Mit einer plakativen Schwarzweiß-Darstellung wie bei Döblin ist das sicher nicht mehr zu fassen. Das Gegenrezept wäre Übersichtlichkeit, damit die Leute wissen, für wen sie eigentlich arbeiten. In der Verlagslandschaft ist es ähnlich. Die Leute im Verlag wissen meist nicht, wem der Verlag gehört, wer das Buch verkauft. Man hört dann gerüchteweise, das gehört einer Firma in der Schweiz, aber niemand weiß, wem die Firma in der Schweiz gehört. So diffus sind die Abhängigkeiten. Ein internationaler Konzern, sagen wir Adidas, eröffnet eine Fabrik irgendwo in Österreich. Die Menschen freuen sich und gehen dort zur Arbeit. Nach fünf Jahren kommt diese Firma, die ihren Sitz in Frankfurt hat, und sagt, wir verlegen die Produktion nach Malaysia. Dieses Werk wird geschlossen. Die Entscheidungen, die die Menschen vor Ort betreffen, werden in einem fernen Hochhaus gefaßt, und die Leute in Frankfurt entscheiden keinesfalls aus

Bosheit oder aus eigenem Willen. Sie entscheiden aufgrund von Mechanismen, die sie selber nicht beherrschen, denn sie sind selber Unterworfene des Marktes. So ist die Situation, und so muß auch das Modell ausschauen. Das ist der Hauptunterschied zwischen der Welt von <u>Berlin Alexanderplatz</u> und der Welt von <u>Rebus</u>.

An welchen Leser haben Sie bei dem "Geheimnis der sieben Zimmer oder Das Rätsel der jungen Mädchen" gedacht? Schon der Titel ist ziemlich bedeutungsschwanger. Man fühlt sich aufgefordert, nach dem Geheimnis zu suchen, auch nach den jungen Mädchen. Könnte man von Märchen für Erwachsene sprechen, obwohl auch die herkömmliche Märchenform keineswegs benutzt wird?

Zur Entstehung dieses Buches: damals ist man immer wieder zu mir gekommen und hat gesagt, ich möge doch einmal etwas für Kinder schreiben, ein Kinderbuch, wie das hieß. Ich habe eher spielerisch damit angefangen. Von Kindern hatte ich aber damals keine Ahnung. Ich hatte nie ein Kind in meiner Nähe gehabt. Dann sind diese seltsamen Kunstformen entstanden. Ich hatte damals auch nicht begriffen, daß ein Märchen auf einem kollektiven Boden wächst. Märchen erfindet nicht jemand, Märchen werden von einer Vielzahl von Menschen erfunden. Früher sprach man da vom Volk. Wenn trotzdem ein Jemand Märchen erfinden will, kann er nur mehr oder weniger etwas Falsches erfinden. Der Unterschied zwischen Hauffs Märchen und Grimms Märchen springt ja ins Gesicht. Deswegen habe ich auch das Vorwort geschrieben, wo ich mich als erfolgreichen Versager hinstelle. Ich habe etwas zusammengebracht, aber mit Kindern hat das wenig zu tun. Im Effekt ist das ein Stück Literatur für Erwachsene. Das war die Genese. Heute sieht man den Stücken auch an, daß sie zu verschiedenen Zeiten geschrieben wurden, von verschiedenen Enden.

Als "Märchen für Eingeweihte" wird "Der seltsame Park" deklariert. Auch hier das Andeuten von Rätseln, die nicht enträtselt werden, zum Beispiel die geheimnisvolle, schwarzgekleidete Frau und das schwarzgekleidete Mädchen; auch von kommendem Unheil ist die Rede. Eine siebte Abteilung gibt es nicht, wird ausdrücklich betont, und im Wasser sieht das Mädchen nur sich selbst. Vielleicht gilt hier, was Sie neulich zu den Erzählsplittern sagten: der Leser wird auf eine Fährte gelockt, die nirgendwohin führt, er wird lediglich eingestimmt. Vielleicht soll das Fehlen eines Sinnzusammenhaltes auf die Sinnlosigkeit der Welt hinweisen, so ähnlich wie das furchtbare Märchen der Großmutter in Büchners Woyzeck.

Von der Seite, die Sie da ansprechen, kann ich mich dem Ganzen nicht nähern. Ich habe mein Bewußtsein organisiert in dem Sinn, etwas für Kinder zu schreiben. Ich lasse sozusagen einen Eimer in den Brunnen hinunter und hoffe, eine Wasserschicht zu finden, die Kinder trinken können. Letztlich spiegelt sich in diesen Märchen nur mein eigenes Selbst wieder in Gestalt von märchenhaften Konfigurationen. Ich selber habe mich seitdem wenig mit diesem Buch beschäftigt, weil ich es tatsächlich als gescheitert empfunden habe, wie ich das schon im Vorwort gesagt habe. Heute sehe ich das als ein Residium, als Rückstände, die mir als relativ gelungen vorkommen. Diese Arbeiten standen ganz am Rande meiner Tätigkeit, weit ab von der Hauptstraße meiner Bemühungen.

Sprachlich ist das natürlich vorzüglich, alle diese kleinen Arbeiten.

Das Ganze ist eine Art Spielkabinett, wo die Sprache gut organisiert ist. Es wurden auch ganz verschiedene Sprachebenen dabei verwendet. "Das Geheimnis der sieben Zimmer" ist etwas ganz anderes als "Märchen für Eingeweihte", eine ganz andere Textstruktur, ein anderer approach, wie man heute sagen würde. Zur Kinderseele bin ich dabei nicht gekommen, dazu war ich viel zu phantastisch und zu selbstbefangen. Wenn man ein Kind erreichen will, muß man viel bescheidener sein.

Warum "An English Tale"? Das Prinzip dieses Stücks ist das Prinzip der russischen Puppe: auf jedem Bild befindet sich ein kleineres Bild, worauf wieder ein kleineres Bild ist, das immer das Gleiche zeigt. Der Name Morphin führt auch nicht weit, der Mann kann ja der Wirklichkeit nicht entrinnen, nicht mal in den

Träumen, so wie es in dem seltsamen Park nur das eigene Spiegelbild gibt. In der Literaturwissenschaft spricht man da wohl von Seelenlandschaften.

Natürlich, da ist auch viel unstrukturiertes Bewußtseinsmaterial mit hineingeflossen, wie in einer psychoanalytischen Sitzung. "An English Tale" heißt es wohl, weil Erinnerungen an Poe anklingen, und Morphin? Träume sind natürlich auch eine Droge, man kann sich ja seine Drogen erfinden, denen man dann nachjagt: eine Insuffizienz, ein Nicht-zufrieden-sein mit dem, was die Realität anbietet, das Erfinden einer Gegenwelt. In diese Gegenwelt kann man sich so verlieben, daß man gar nicht mehr leben kann. Man kann süchtig werden nach seinen eigenen Erfindungen. Das alles kommt hier zum Ausdruck. Es ist ein Versuch der Selbstfindung, ein Blick in den Spiegel. Und die Beherrschung von Form und Sprache ist für mich etwas Selbstverständliches, das muß man einfach können. Das ist das Handwerkszeug der Schriftstellerei. Viel schwieriger ist, was man schreiben soll, wie man die verschiedenen Aspekte miteinander verbindet. Neulich saßen wir in den Halles de Ste-Foy, also in dieser Einkaufszone. Das ist für mich etwas Interessantes. Wenn ich dort sitze, fühle ich, wieviel Bewußtsein sich da kreuzt. Die Leute haben alle irgendwelche Vorstellungen, Phantasien, Träume. Die Waren selber sind gefrorene Phantasien, gefrorene Träume, Absichten, Ideen. Dann die ganze Welt der Werbung, die vom Bewußtsein geprägt ist, und jemand sitzt da mitten drin und liest Zeitung. Also ein ganzes Netz von Bewußtsein. Natürlich steckt hinter dem Ganzen ein kaufmännischer Wunsch, man will Ware an die Leute bringen, man will die Leute manipulieren. Trotzdem passiert sehr viel mehr dort drinnen. Der träumende junge Mann, der Zeitungsleser, die Frau, die rechnet und nachzählt, wieviel Geld sie noch hat -- da strömt sehr viel Leben durcheinander. Das zu beschreiben in einer sinnvollen Form, das ist die Herausforderung. Daß man dazu das Handwerkszeug besitzt, daß man schreiben kann, das ist die Voraussetzung.

Lächeln ist normalerweise etwas Gelöstes, Entspanntes. Das Lächeln des Totmachers nun ist eher beängstigend, obwohl vorher von Freude und Erfüllung die Rede war. Wäre hier nicht ein Lachen angebracht, ein irres, vielleicht ein teuflisches Lachen?

Der Totmacher ist der Spießer, der jederzeit zum Mörder werden kann. Das Sprichwort sagt, Ordnung sei das halbe Leben, was man auch so verstehen kann, daß Ordnung der halbe Tod ist. Solche Überlegungen sind wahrscheinlich in die Figur hineingeflossen. Heute kann ich das nur mit dem Zusatz des Wörtchens "wahrscheinlich" sagen. Das ist das, was mir die Geschichte heute erzählt. Ich glaube, daß viel Böses geschieht aus Ordentlichkeit, weniger aus absichtlicher Bösartigkeit und Bosheit. Der Totmacher ist ein Verwandter dieser ordentlichen NS-Bürokraten, die im bürgerlichen Habitus lebten, ohne im eigenen Bewußtsein böse zu sein. Allerdings ist das eine große Fracht für eine so kleine Geschichte.

In dem Stück "Wie geht es Ihnen?" -- gipfelt da nicht alles in dem kassandrahaften Ruf "Seht euch vor! Ihr Glücklichen, seht euch vor!" Das ist Beschwörung, fast schon religiöse Beschwörung.

Man kann nie gewinnen, ohne zu verlieren. Wenn der Glückliche gewinnt, verliert er irgendwo anders. Das sollte er immer mitdenken. In dem System stecken wir drin, das ist hier ins Dämonische übersteigert: die Doppelgesichtigkeit des Gewinnens. Deswegen sagt Nestroy, der Fortschritt schaue meist größer aus als er tatsächlich ist. Was man vorne gewinnt, geht hinten verloren. Auch wenn man sich als Mensch entwickelt, verkümmert man gleichzeitig. Das ist das Schreckliche. Das Muster wird hier dämonisch überhöht. Alle diese Auslegungen sind mir aber zu schwergewichtig. Ich würde diese kleinen Sachen nicht allzusehr befrachten.

Wir können sie ja lassen. Wir können sie ja sich selbst überlassen. Zum Roman Wer war Edgar Allan?: Hier könnte man den Titel gleich noch mal wiederholen: wer war denn nun Edgar Allan? Der Ich-Erzähler ist nicht Edgar Allan, und Edgar Allan ist nicht Poe. Trotzdem: die Grenzen verwischen sich,

*nicht nur in der wirren Phantasie des Erzählers, sondern auch in
den Biographien der drei Figuren. Zusätzlich schieben Sie noch
Poe-Zitate ein, wodurch die Verwirrung umso größer wird. Sie
geht vom Kopf des Drogensüchtigen auf den Kopf des Lesers
über. Der Leser wird in den Rausch miteinbezogen.*

Das war die Absicht: eine Studie über deviantes Bewußtsein. Die
drei Bücher hängen zusammen: Wer war Edgar Allan?, Von Hier
nach Dort und Das schnelle Glück sind Studien über abweichendes
Bewußtsein, durch Drogen, durch die Biographie des Nichtsnutzes,
durch die erzwungene Devianz der Arbeitslosigkeit in Das schnelle
Glück. "Normale" Leute arbeiten ja heute. Früher war das anders,
da gehörten alle diese sogenannten Devianzen zum Leben. Damals
konnte man pilgern ein ganzes Leben lang, etwas suchen. Das ist
heute nur noch instrumentalisiert möglich. Aber ich schweife ab.
Von Hier nach Dort ist der Fall eines Jungen, der das "normale"
Leben nicht will, der sich einen anderen Entwurf basteln will. Das
habe ich möglichst genau inszeniert, wie eine Installation, wie eine
Architektur, in die der Leser hineingelockt wird, um das Bewußtsein
von innen zu spüren. Der Leser hat die Möglichkeit, dieses
Lebensgefühl selber zu erleben. Das sollte ihm mehr sagen als eine
Beschreibung von außen. Das kann er dann mit dem eigenen Leben
vergleichen und in Beziehung setzen. Vielleicht gewinnt er auf diese
Weise bestimmte Einsichten, weil er sich dann besser erkennt. So
weit zur Absicht.

*In Wer war Edgar Allan? wie auch anderswo erscheinen
Reminiszensen an Wilhelm Hauff, vor allem an Hauffs
Märchen. Was fasziniert Sie so an Hauff? Natürlich sind
Zwerg Nase, Kalif Storch und Hop Frog von Poe alles Figuren,
die miteinander verwandt sind.*

Hauff gehört zu meiner Kindheitswelt. Das sind die Märchen, mit
denen ich aufgewachsen bin. Dann hat mich das Psychedelische,
die Bewußtseinserweiterung bei Hauff interessiert, in einigen
Märchen wenigstens. Ich habe das jedenfalls so gelesen, "Die
Höhle von Steenfoll" zum Beispiel, mit dem Blick hinunter auf die
toten Matrosen. Das ist ein Blick ins Unbewußte für mich. Oder

das Pulver, das der Kalif Storch verwendet: das ist eine Art Rauschgift, eine Art LSD. So habe ich Hauffs Märchen immer gelesen.

Sie haben sich auch herrlich geeignet zur Organisation dieser Innenräume, die Seele aufgefaßt als Innenraum, in die der Leser hineingehen kann wie in eine Höhle. Das war das Muster, das mir vorschwebte, eine Abenteuerreise nach innen. Obwohl das in <u>Wer war Edgar Allan</u>? so wirr und unvernünftig ausschaut, ist es doch vernünftig organisiert und strukturiert, von mir aus gesehen.

Als Schlüsselwort in <u>Wer war Edgar Allen</u>? taucht das Wort "Metropolis" auf. Ein Deutscher denkt dabei zuerst einmal an Fritz Lang.

Natürlich kommt das Wort dort her. Es taucht in dem zentralen Traum auf in der Mitte des Buches, wie ein Stern, wie ein Glücksstern, was natürlich mit Fritz Lang nichts mehr zu tun hat. Viel mehr kann ich dazu eigentlich nicht sagen.

Zwar haben Sie mal ein Buch <u>Mann & Frau</u> geschrieben, im Wesentlichen aber sind es Männerpaare, die Ihre Welt bevölkern. Erotische Beziehungen schwingen da fast immer mit, zumindest unterschwellig, aber gleichzeitig sind das komplementäre Hälften einer Person, zwei Möglichkeiten also. Manchmal verwischen sich sogar die Grenzen. Einige Ihrer Bücher sind konsequent frauenlose Bücher, <u>Wer war Edgar Allan</u>? zum Beispiel.

Das hat die Kritik immer sehr beschäftigt, über alle Maßen. Mir ist gar nicht aufgefallen, als ich die Bücher schrieb, daß keine Frauen auftreten oder nur im Hintergrund. Für die Absicht, die ich verfolgte, war das nicht wichtig. Aufs Leben übertragen: es gibt eine Art Träumerei, eine Art Sucht, wo die Frauen zurückbleiben, falls sie nicht zum Inhalt dieser Sucht werden, oder auch nur ihr Objekt. Der Träumer, der Süchtige ist mit sich selber allein, ist völlig ich-bezogen. Die anderen Menschen, die auftauchen, sind für ihn nur Symbole, Zeichen, deren Wert er selber bestimmt. Er will gar nicht, daß der andere antwortet. Das ist das Wesentliche an <u>Wer</u>

war Edgar Allan? Der Held unterhält sich mit niemand, es gibt keinerlei Kommunikation. Mit niemand hat er Kontakt. Selbst die Gespräche mit den anderen sind Selbstgespräche. Er kommt gar nicht mehr über seinen Innenraum hinaus. Das gleiche gilt für die beiden anderen Studien, also Von Hier nach Dort und Das schnelle Glück, besonders für Von Hier nach Dort. In Das schnelle Glück wendet sich der Held wenigstens zeitweise an die Gemeinschaft, an die Gesellschaft.

"In jenen Tagen, da es mit ihm zu Ende ging..." Dieses durchgehende Leitmotiv, deutlich abgehoben von der Ich-Erzählung, könnte in seiner Unbestimmtheit nicht nur auf die beiden Protagonisten von Wer war Edgar Allan? und auf Poe sich beziehen, sondern alle die Dichter einschließen, die auf ähnliche Weise vor die Hunde gegangen sind: Oscar Wilde, Baudelaire und andere. Ein Abgesang auf die poetes maudits, aber von einem, der eher dem Rausch der Vernunft zuneigt.

Damals, als ich diese Bücher schrieb, war mir die Sicht ganz fremd, die Sie da ansprechen. Mit solchen Problemen habe ich mich damals überhaupt nicht beschäftigt. In der Hinsicht sind die Bücher naiv geschrieben, also kultursoziologisch neutral oder wie man das nennen soll. Heute würde ich sagen, das Ganze ist durchdrungen vom Geist des neunzehnten Jahrhunderts, setzt aber gleichzeitig eine Art Schlußstrich hinter diese tragisch-romantische Lebensform. Es wird ja ziemlich nüchtern analysiert, was da passiert. Durch das Kalkül der Innenräume bleibt zwar kein Platz für eine kritische Einstellung. Es wird nichts kritisiert in diesen Büchern, was sie völlig unterscheidet von Rebus zum Beispiel. Die Kritik kann sich nur einstellen beim Leser, der dann sagt, so bin ich nicht, so will ich nicht sein; oder auch, so will ich werden oder teilweise so. Durch die Anlage haben die Bücher keine Möglichkeit der Kritik. Sie sind völlig wertneutral. Ich konnte nicht und ich wollte nicht diese Tradition kritisieren oder auch nur Stellung nehmen. Wer war Edgar Allan? sagt nur: so schaut die Seele von dem Helden aus. Von dieser Seele kann der Leser lernen, was er lernen will, im Guten wie im Bösen. Deshalb steht am Ende das Motto: "Wir wollen nichts anderes, als die Leute auf Touren bringen." Das hat die Kritik nicht verstanden, das wurde als Scherz aufgefaßt. Das war aber wirklich die Absicht: die Dinge hinstellen, so ein Bewußtsein nämlich. Das hat dann auch beträchtliche Reaktionen ausgelöst, dieses einfache Hinstellen. Im Grunde sind diese Bücher die Vorstufen zur Milchstraße, wo die Konsequenzen gezogen werden. Heute sehe ich natürlich die Kritik, die implizit in den Büchern enthalten ist, an einer Gesellschaft, die völlig funktional ist, wo jeder nur deshalb lebt, weil er eine bestimmte Funktion ausübt. Das ist der Lebenstitel. Demgegenüber besitzt das losgelöste Bewußtsein eine ziemliche Sprengkraft. Jemand, der nichts tut oder etwas tut, das keinen Sinn hat, wirkt irritierend in einer Umgebung, wo alles einen Sinn hat. Frühere Gesellschaften haben viele Dinge, die quasi sinnlos waren, im religiösen Bereich zum Beispiel, sogar gefördert. Ein Mönch ist kein Kaufmann. Heute gibt es dieses "Sinnlose" noch in der Kriminalität und in der Prostitution, alles andere muß sinnvoll sein, muß auf etwas hinarbeiten. Dann ist es irritierend, wenn jemand andere Bewußtseinszustände vorstellt, die auf nichts hinzielen, die nichts wollen -- auch wenn er es wertfrei tut. Diese Helden haben kein Ziel, ihr Ziel ist die Ziellosigkeit oder das "Leben", in Anführungszeichen.

In Amerika und Kanada wird Poe gar nicht so geschätzt, jedenfalls nicht wie in Frankreich oder in Deutschland. In meinen Kursen über amerikanische Literatur in London, Ontario, wurde Poe nicht mal erwähnt, höchstens als Autor von "The Raven", also nebenher. Vermutlich hat das mit dem Puritanismus zu tun, auch mag es heute anders sein als damals. Ihnen scheint Poe sehr viel zu bedeuten. Sie nennen ihn einmal den großen Poe.

Poe hat mir damals sehr viel geholfen, vor allem durch seine Poetik. Poe ist ja der schärfste Feind der Inspiration, von irgendwelchen numinosen Kräften. Er sagt, Literatur sei essentiell etwas Gemachtes. Er erklärt genau, wie er "The Raven" geschrieben hat; er sagt, so kam ich zur ersten Zeile, so zur zweiten, wie sich das eben ergibt. Poe ist Rationalist, und das war in der damaligen Literaturlandschaft etwas ganz Ungewöhnliches. Das war nicht der Dichter mit der Leier, sondern der Dichter mit dem Rechenschieber. Das war revolutionär. Da ist er der große Poe für mich. Die Lyrik von Poe ist sehr melodiös, mit einer wunderschönen Vokalmusik.

Beim Zuhören glaubt man seraphische Klänge aus dem Jenseits zu vernehmen. Dann stellt er sich sozusagen an die Tafel und erklärt, wie er zu diesen Klängen gekommen ist, daß das von einem völlig kalten Intellekt gemacht worden ist. Davon habe ich viel gelernt. Baudelaire hat Poe übersetzt und entdeckt für Europa, und er war auch fasziniert von der Poetik des Kalküls, des Gemachten. Die Kunst hat das Ziel, das Leben zum Vorschein zu bringen, indem sie sich selbst zum Verschwinden bringt. Der Kalkül muß bei der Arbeit an dem Text verschwinden, muß also für den Leser unsichtbar sein. Vorher aber muß der Kalkül alles durchdringen. Von dieser ganz neuen Kunstauffassung ist Poe der Urvater. Außerdem, und das haben Sie selber schon angedeutet, kommt Poe in Konflikt mit Puritanern und anderen religiösen Gruppen, denn seine Stoßrichtung ist zutiefst antireligiös, weil sie immer die rationale Zuschreibung findet, ganz gleich wofür. Die Religionssoziologen, später, gehen ja auch nicht gegen die Religion, sondern sie erklären die Religion aus einem Bedürfnis der Menschen. Auf dieser Richtung liegt auch Poe. (Das Folgende können wir auslassen: Poe hat den schrecklichen Fehler begangen, einen Puritaner zu seinem Erblasser zu machen, der seine Schriften dann verwaltet hat, the estate of Edgar Allan Poe, einen Mann, der der größte Feind von Poe war. Poe hatte wenig Menschenkenntnis. Durch diesen Erbvollstrecker war die Poe-Rezeption in Amerika schon von der Wurzel her vergiftet, von dieser puritanischen Moralheuchelei. Natürlich war Poe Pessimist, und im Amerika des neunzehnten Jahrhunderts war das völlig deplaziert. Die Nordstaatler waren damals nicht nur Optimisten, sie waren Super-Optimisten. Nachdem sie den Bürgerkrieg gewonnen hatten, dominierte im Norden der Optimismus. Poe hat sich immer als Südstaatler empfunden, und der Pessimismus war damals im Süden zu Hause. Deswegen steht er fremd in der ganzen Literaturlandschaft, und deswegen wird er bis heute so wenig geachtet in Amerika. Die Europäer dagegen haben den Pessimismus liebevoll gepflegt, zumindest seit 1870 etwa.)

*Die großen österreichischen Autoren vom Anfang des
zwanzigsten Jahrhunderts scheinen Ihnen wenig zu liegen. Sie
Sind Ihnen vermutlich zu müde, zu vergangenheitsorientiert, zu
früh gereift und zart und traurig.*

Mit einer gewissen österreichischen Tradition bin ich sehr eng
verbunden. Das ist die kritische Linie, die man ungefähr festlegen
könnte mit Wittgenstein, Freud, Malinowski, Paul Feyerabend, alles
Leute, die erstens einmal die Vernunft einsetzen und die zweitens
wissen, daß alle Lösungen nur etwas Vorläufiges, etwas
Modellartiges sind. Was man später, vom Strukturalismus her
kommend, als bric-à-brac bezeichnet hat, das haben die Österreicher
schon viel früher gepflegt, das haben sie als Pfusch und Wurschtelei
umschrieben, mit einem tiefen Mißtrauen gegen alle Patentlösungen.
Es ist undenkbar, daß ein Österreicher die Kritik der reinen Vernunft
geschrieben hätte, das würde dieser Tradition zutiefst
widersprechen. Sie bewegt sich immer in Vorschlägen, diese
Tradition, in Annäherungen, in Detaillösungen. Alles läuft
irgendwie weiter, und zwar nicht aus Faulheit und Schlamperei --
wohin es natürlich abgleiten kann, in den Fatalismus, ins
Treibenlassen. Im Grunde ist das eine sehr vernünftige Tradition.
Es gibt in der Welt keine zwei Dinge, die sich gleichen, und in einer
halben Stunde ist alles anders als jetzt. Deshalb kann man alles nur
kurzfristig regeln, und man muß immer sehr viel offen lassen,
offene Enden, damit man dort weitermachen kann. Vielleicht
kommt jemand mit einer anderen, einer besseren Idee, und so
entsteht Geschichte, mit offenen Mustern. Ich habe Leute gern, die
Pelargonien in alte Bergschuhe pflanzen. Das ist Ausnutzen der
Gegebenheiten und außerdem Übergehen des ursprünglichen Sinns
durch einen neuen Sinn. Das ist zutiefst human, denn die Herrschaft
der Systeme über den Menschen wird dadurch sehr eingeschränkt.
Mit jedem System ist man halbwegs zufrieden, solange es spuckend
und stotternd dahinrollt. Weit kommt man eh nicht damit, dann
müssen wir uns wieder etwas Neues einfallen lassen. Das ist die
österreichische Tradition, die mir zusagt. Musil gehört dorthin,
Schnitzler selbstverständlich, Nestroy -- die Tradition, die durch
Hitler ausradiert wurde oder fast ausradiert wurde. Im heutigen
Österreich gewinnt sie nur zaghaft wieder Boden. Die meisten
Träger des österreichischen Gedankenguts wurden vertrieben oder

umgebracht. Heute wird es von Paul Feyerabend und anderen gelehrt und weiter verbreitet, in Kalifornien und Zürich und anderswo. Und in diese Tradition gehört <u>Rebus</u>. Von einer erhöhten Warte könnte man sagen: <u>Rebus</u> ist eine Adaption der mittlerweile gewonnenen Wissensgebiete in dieses System des Zweifels, des Durchleuchtens und Abklopfens, angewendet also auf die Erkenntnisse, die neu hinzugekommen sind, alle Theorien und Theoreme, zu einer Art Behelfsunterkunft des zwanzigsten Jahrhunderts.

Richard Exner, den Sie ja nicht verachten, will Sie unbedingt in die Nähe von Stifter rücken. Verweist das vielbeschworene Rasiermesser in <u>Wer war Edgar Allan</u>? wirklich auf Stifter?

Die letzte Frage ist ganz leicht zu beantworten: ganz sicher nicht. Zu der vorhergehenden Frage, die eine viel umfassendere Antwort verlangt: Sicher ist Stifter der bedeutendste Schriftsteller Österreichs im neunzehnten Jahrhundert, der eine Poetik aufgestellt hat, die noch verwendbar ist in unseren Tagen. Die Poetik von Lenau zum Beispiel ist historisch, obwohl Lenau wunderschöne Gedichte geschrieben hat. Die Leistung Grillparzers -- historisch, mit der Ausnahme von "Der arme Spielmann", der kleinen Erzählung vielleicht, die uns noch etwas lehren kann; und die Tagebücher. Die Poetik von Stifter dagegen, das Verlegen von seelischen Zuständen in die Landschaft, ist eine sehr nützliche Methode. Bei Stifter kann man sogar noch das Verfahren umdrehen. Ich konstruiere einen Käfig von Zeichen, die beim Leser bestimmte Gefühle erwecken, also das Verfahren, das ich in <u>Wer war Edgar Allan</u>? angewendet habe. Man kann das Stifter-Modell auch anwenden auf die Beschreibung einer Kaufhauswelt zum Beispiel. Von anderen Menschen wird für uns da eine Art Theaterkulisse geschaffen, die uns zu bestimmten Gefühlen und dadurch zum Kaufen verleiten sollen. Wenn ich Stifter richtig realisiert habe, weiß ich sofort, wie das funktioniert, denn ich habe eine kritische Position. In der Kaufhalle von Ste-Foy gibt es zum Beispiel eine Bäckerei, in deren Hintergrund Backwaren zusammen mit Musikinstrumenten abgebildet sind, was zuerst einmal surrealistisch wirkt. Wieso Musikinstrumente, wieso nicht Instrumente aus der Bäckerei? Die ganze Kaufhalle ist aber von Musik erfüllt, von angenehmer, leichter

Musik, und diese Musik umspielt wieder die Backwaren, die real auf dem Regal ausliegen -- also ein optischer Verweiser auf das, was in der Kaufhalle wirklich vor sich geht. Dadurch werden die Leute angesprochen und eingestimmt. Solche Käfige aus semantischen Zeichen schafft Stifter für andere Zwecke, für das Liebliche, das Ernste, das Treuherzige, das Böse, das Verlorene, das Verworfene. Alles das wird uns von Stifter vorgestellt in semantischen Käfigen, als Landschaft, als Dorf, als Wald und so weiter. Das ist eine sehr moderne Arbeitsweise, damit kann man auch heute noch sehr viel anfangen. In meinem Aufsatz über Stifter habe ich das nachgewiesen. Natürlich lasse ich jetzt keine Waldbauernbuben mehr durch den Hochwald gehen. Heute gehen irgendwelche Vorstadtmenschen durch eine Straße der Metropole. Ideologisch habe ich von Stifter sicher nichts übernommen.

Und was hat Sie fasziniert an Saint-Exupéry und Robert Louis Stevenson, das Sie veranlaßte, sich in deren letzte Stunden hineinzuversetzen?

Die beiden Sachen liegen ziemlich weit auseinander. Saint-Exupéry ist mir -- im Gegensatz zu dem, was man aus ihm gemacht hat: eine tragisch-heroische Figur - immer als ein Don Quichote vorgekommen. Er hätte ja ruhig einen anderen fliegen lassen können. Dieser Aspekt, das Don Quichote-hafte, hat mich an der Figur interessiert, nicht der tragische Held. Und Stevenson? Das ist ein Poe-Schüler. Poe ist auch der Vater aller Kriminalromane, der kalkulierten Literatur. Dort gehört auch Stevenson hin. Er gehört zu meiner Kindheitswelt. Wer hat die Schatzinsel nicht gelesen, und gern gelesen? Ich kenne das Buch fast auswendig. Wenn ich heute über den Flohmarkt gehe und ich sehe die Schatzinsel, fällt es mir schwer, es nicht sofort zu kaufen. Solche Bindungen spielten da wahrscheinlich mit. Saint-Exupéry verweist für mich in Richtung Hemingway, die tragische Kraftmeierei, die völlig unzeitgemäß ist. In einer Welt, wo alles funktionalisiert ist, gibt es keine Helden. Sie wählen sich Ihren Platz ja nicht frei. In diesem Sinne vielleicht ist Saint-Exupéry für mich auch tragisch. In einem Krieg, der von irgendwelchen Leuten für irgend etwas geführt wird -- sicher nicht für seine Ziele --, dort will er sich bewähren. Statt sich um die Kritik des ganzen Unternehmens zu kümmern, will er sich dabei bewähren. -- Mit diesen Ideen habe ich ein wenig gespielt in dem Logbuch. Das war ja auch ein wenig ein Spiel für mich.

In zwei eingeklammerten Texten innerhalb des Logbuches erwähnen Sie den verunglückten Shelley, dazu einen gewissen B. Damit kann der Normalleser nicht viel anfangen. Und sind das wirklich Stevenson-Zitate in dem Stevenson-Text? Rein formell erscheinen sie als Zitate.

Das ist ein Spiel mit verschiedenen Qualitäten von Material. Das hat den Charme einer Collage, wie man Zeitungsseiten in ein gemaltes Bild hineinklebt. Es ist auch gar nicht notwendig, daß der Normalleser jede Allusion versteht. Auch dies sind in erster Linie semantische Käfige, bei denen man die Gefühle nachvollziehen sollte. Insofern ist das Buch ein Vorläufer der anderen Studien, von Wer war Edgar Allan?, das sich dann anschließt. Kleine Bewußtseinsmodelle, wo der Leser von einem Partikel zum anderen springt wie der Fluß der Gedanken durch den Kopf. Jeder Satz ist ein Partikel, das so organisiert ist, daß in der Psyche des Lesers ein bestimmter Gefühlswert entsteht. Sie sollen ja nicht vornehmlich Informationsarbeit leisten, in dem Sinn: das ist jetzt von Shelley, und das ist jetzt von Byron. Wie es bei einer Schwitters-Collage völlig egal ist, ob der Betrachter weiß, aus welcher Zeitung das ausgerissen worden ist, so ist es hier relativ gleichgültig, wissensmäßig, wo diese Teile herkommen. Da wird einfach kühl kalkuliert, welche Gefühle im Leser entstehen werden. Woher die verschiedenen Teile des Fundus stammen, ist uninteressant. Das ist ein Zusatzvergnügen für jemand, der sich auskennt.

Was Sie jetzt sagen, gilt sicher auch für die "Anderen" in dem Lexikon "Von den Anderen", also daß es sich hier vornehmlich um semantische Käfige, um Gefühlspartikel handelt und weniger um Informationsarbeit. Sie haben da bestimmt keine folkloristische Sammelarbeit geleistet.

Nein, im Gegenteil, ich habe die folkloristischen Alben ausgebeutet. Entweder stammen die Figuren wirklich von dort, oder ich habe im Sinne dieser Alben, die wirklich existieren, neue Figuren erfunden, die ich aber nicht hätte erfinden können, wenn ich die Alben nicht gehabt hätte. Die Sagenbücher haben eine gewisse Poetik; die Poetik kann man erlernen, und dann kann man im Sinne der Poetik neue Figuren hinzuerfinden, zu dem Zweck, eine gewisse Gestimmtheit hervorzurufen, Dokumente für das, was man als Lebensgefühl oder Weltgefühl bezeichnen kann. Das habe ich in dem kleinen Vorwort schon angedeutet. Also eine Art inneres Tagebuch in Form von Sagenfiguren, Verwandlungen, Metamorphosen eines beweglichen Ich. Daneben sind die Texte natürlich sehr österreichisch. Für mich ist das ein herrliches Österreich-Dokument, von einer inzwischen versunkenen Welt, die ich in der Kindheit noch flüchtig mitbekommen habe. Die Kinder heute weniger, weil sie vom Fernsehen mit amerikanischen Mythen ernährt werden. Die Kinder heute haben eine ganz andere Mythenwelt aufgesaugt. Lustig ist, daß diese amerikanischen Mythen, Weltraumfahrer und so weiter, selber Kopien sind von unseren alten Mythen, von Prinz Eisenherz zum Beispiel, nur eben in einem technischen Gewand.

Der Herr Nebel sieht bei diesen Anderen das andere Österreich, das Österreich, das er nicht kennt.

Das kann ich mir gut vorstellen, es ist ja auch ein alpines Österreich. Wenn Sie die österreichischen Sagensammlungen durchschauen, sehen Sie sehr schnell, daß die Alpen viel sagenreicher sind als die Flachlandgebiete. Ein Gebirgsland bringt auch viel reichere lokale Kulturen hervor. Hinter jedem Hügel, hinter jedem Berg beginnt ein neuer Dialekt und eine neue Vorstellungswelt. Im Flachland sind weite Räume gleichmäßig und monoton organisiert, weil sich da alles viel schneller von einem Ort zum andern fortgepflanzt hat. Jede Talschaft des alpinen Österreich dagegen hat eine eigene Sagenwelt. Da ist ein unglaublicher Reichtum vorhanden gewesen, und der spiegelt sich in der lokalen Volkskunst wieder. Das habe ich benutzt. Das ist das Österreich, das der Herr Nebel als Burgenländer nicht kennt.

Die Québecer Entsprechung wären die Geisterhäuser, die Sie nun gar nicht mögen.

Die Leute hier haben gar keine Zeit gehabt, etwas annähernd Ähnliches zu entwickeln. In der europäischen Sagenwelt stecken wenigstens zweitausend Jahre Geschichte drin. Die Motive sind immer wieder überformt und adaptiert worden. Einzelne sind vielleicht schon von den Kelten für ganz andere Weltmuster verwendet worden. Im Hintergrund steht natürlich der Gedanke: die Entwicklung der Menschheit mußte gar nicht folgerichtig so verlaufen, wie sie nun einmal verlaufen ist. Da spielte der Zufall die allergrößte Rolle. Das fällt einem sofort auf, wenn man solche Sagenketten durchforstet. Da kann man manchmal nur ahnen, wo eine Sage hergekommen ist, welchem Druck sie nachgegeben hat, mit all diesen Motiven und Mustern. Die chinesische Kultur hat noch ganz andere Sachen hervorgebracht, weil dort ununterbrochene Kontinuität bestand im Vergleich zur europäischen Entwicklung. Wir haben die griechische Kultur und dann die römische Kultur, dann kommt das Völkerwanderungsloch, und der gleiche Stoff wird immer wieder neu organisiert, jedoch mit Brüchen. In der chinesischen Kultur dagegen war es möglich, daß sich das I Ging etwa von der Megalithzeit bis zur Goethezeit durchgehend entwickelte. Das ist immer dieselbe Kultur. Dadurch entstanden ganz andere Hochleistungen als bei uns. Wir haben so etwas einfach nicht. Von diesen Vergleichen ausgehend könnte man sich eine ganz andere Entwicklung vorstellen, ein ganz anderes Bild von der Welt, ein ganz anderes Bild vom Menschen.

Eine letzte Frage, die etwas aus der Reihe fällt. In der Akadie, am Meeresstrand, versetzt Sie ein rotgrüner Stein in Entzücken, er erinnert Sie an einen rotgrünen Stein, den Ihr Bruder in Kärnten gefunden hat. In Ihren Büchern findet sich eine ähnliche Faszination für diese Farbzusammenstellung. Einmal erscheinen die beiden gegensätzlichen Farben am Abendhimmel "versöhnt", ein andermal drücken sie die "schrecklichen Leidenschaften der Menschen" aus. Logisch erklärbar sind diese Farbassoziationen wohl nicht.

Der logische Hintergrund dieser Faszination ist, daß die beiden Farben in unserer Farbskala Komplementärfarben sind, also Gegensätze. Jetzt gibt es aber sehr viele Pflanzen in Ihrem Garten, zum Beispiel den Rhabarber, der auf geniale Weise den Rotgrün-

Kontrast versöhnt. Und es gibt viele andere Pflanzen, wo das der Fall ist. Vor allem junge Blätter und Knospen sind erst einmal rötlich, und dann entfalten sie sich zum Grün, wie durch Zauberei, während in unserer technoid aufgefaßten Farbskala das ein unversöhnlicher Gegensatz ist. Darin liegt für mich die Faszination: wie kann man durch zwei fundamentale Gegensätze einen Gleichklang erzeugen. Die Natur spielt uns das immer wieder vor, und einige Maler, zum Beispiel van Gogh, haben durch ingeniöse Erfindungen die beiden Farben vermählt. Es fasziniert mich, wenn die Natur uns vorführt, daß alle unsere Erklärungsmuster nur vorläufige sind.

Und dann machen Sie den Sprung -- vielleicht ist es kein Sprung -- zu den schrecklichen Leidenschaften der Menschen.

Das unversöhnte Rotgrün ist doch so etwas. Sie haben das herrlich demonstriert bei Grünewald, auf dem Isenheimer Altar, durch die Chromatik, wenn Sie sich an die Wolken erinnern. Es gibt viele Bilder der Donauschule, die den Föhnhimmel so darstellen. Der österreichische Föhnhimmel ist ein grüner Himmel mit rosa Wolken. Der Hintergrund ist grünlich, darauf schweben rosige Wolken. Ähnliche Zusammenstellungen gibt es bei Greco, auch wieder bei den Wolken. Das ist sehr alt, daß wir das so empfinden, als unversöhnte Spannung. Bei uns ist das angelernt, und rational geworden ist es durch unsere Farbskala. Um die Jahrhundertwende haben sich viele Leute spekulativ mit diesen Farbproblemen beschäftigt, Itten zum Beispiel oder Kandinsky oder Schönberg, auf esoterischer Basis. Sehr früh haben wir gewisse Gefühlsinhalte gewissen Zeichen zugeschrieben. Es gibt ja eine Unzahl von Gefühlen, aber nur wenige, die man in der Leibhöhle differenzieren kann. Die menschliche Maschine kann relativ wenige Zustände reproduzieren. Nur im Zusammenhang mit der Umgebung interpretieren sich diese Zustände in den vielfältigsten Formen. Das ist ein ähnliches Paradox wie beim I Ging, wo man mit sechs Strichen, die einmal voll und einmal unterbrochen sind, die ganze Welt erklären kann. Man könnte auch so sagen: die Menschen haben recht wenige Gefühle, die im Zusammenhang mit verschiedenen Situationen unendliche Möglichkeiten ergeben. Diese haben dann Namen. So kommen wir zu einem unheimlichen

Apparat von Worten, die wir auf ganz wenige Gefühle aufpfropfen können, welche sich situativ ausmünzen lassen. Einmal heißt das Haß, einmal Liebe; es ist aber dieselbe Körpersensation. Physiologisch ist das sehr einfach. Nur wenn der physiologische Apparat in verschiedene Situationen kommt, interpretieren wir die Situation verschieden und geben ihr andere Namen. Deswegen kann man solche Texte schreiben. Anders ginge es gar nicht.

"Im Dorf kamen die Leute aus den Türen der Häuser und gingen familienweise zur Kirche hinauf. Die Glocke schallte. Die Kirche stand oben, auf dem Plateau. Im Feld draußen, hinter den letzten Häusern, lag die Schule. Heute war keine Schule. Die Kinder waren zu Hause. Da lag die Schule still." Das ist ein Zitat aus <u>Die Wolken</u>. Was es hier zeigen soll, ist die Aufzählung eins und eins und eins und eins. Ein anderes Zitat aus <u>Die Wolken:</u> "Die Bauern schwiegen. Der Pfarrer hob die Stola über den Kopf und steckte sie ein. Er ging an die Schank, der Wirt folgte ihm. Der Bursch spielte jetzt ein anderes Lied. Die Bauern unterhielten sich laut. Der Pfarrer war von Tisch zu Tisch gegangen." Das extreme Gegenbeispiel dieses Stils wäre die Hypotaxe bei Thomas Mann, ein Satz auf einer Seite, wo eins vom andern abhängt, in unendlicher Verflechtung, in einem sinnvollen Zusammenhang.

Dem stimme ich ganz und gar zu, solange das kein Werturteil ist. Ich kann aus kurzen Einzelsätzen, die immer genau bei der Beobachtung bleiben, keine Abhängigkeiten konstruieren, wo keine Abhängigkeiten existieren -- ich müßte sie denn hinzudichten. Auch aus diesen kurzen Einzelsätzen, die nicht voneinander abhängen, ergibt sich ja schließlich ein sinnvolles Ganzes. Das wollte ich gerade dort einmal ausprobieren: nur so viel hinschreiben, wie gerade passiert, und keine Verknüpfungen herstellen aufgrund von Bildern, die man von außen mitbringt. Das ist so eine Art Filmmethode: immer am Objekt bleiben. Ich verfolge nur das, was vorgeht, und ich erfinde nichts dazu, was sich in meinem Kopf vielleicht einstellen wird an Vergleichen oder Deutungen. Dadurch entsteht ein Eindruck von Genauigkeit. Das ist keinesfalls sinnlos.

Natürlich nicht sinnlos als Erzähltext, aber sinnlos als zusammenhanglos, als das Gegenteil von einem Kosmos, wo alles zusammenwirkt, wo eins das andere ergänzt.

Darüber kann ich nicht verfügen. Thomas Mann hatte hinter sich die ganze bürgerliche Weltanschauung. Natürlich stand ihm der ganze Kosmos, den seine Vorgänger hinterlassen hatten, zur Verfügung. Den deutet er dann mit seinem großen Wissen und seiner großen Freude am Spiel aus. Er hat sein Weltbild nicht erfunden; im Gegenteil, die Ironie bei Thomas Mann entsteht gerade dadurch, daß er über das Weltbild lächelt, an das er selber nicht mehr glaubt. Er ist der letzte große Bürger. Nach dem Krieg war das Bürgertum, das Großbürgertum, am Ende, entweder durch die Wirtschaftskrisen der Vorkriegszeit oder endgültig durch den Krieg. Dominierend seitdem ist der Kleinbürger, was man heute als Mittelschicht bezeichnet, der völlig entwurzelte Angestellte, der gar kein zusammenhängendes Weltbild besitzt. Woher soll er es auch haben? Thomas Mann gegenüber bin ich wie jemand, der ohne Werkzeug auf eine wilde Insel kommt. Durch genaues Beobachten suche ich Ansätze zu einer neuen Orientierung, nicht durch Schwindel, indem ich mich auf etwas beziehe, was gar nicht da ist, sondern indem ich schaue, was wirklich vorhanden ist.

Ich konzentriere mich darauf, was ich selber sehen und erleben kann. Wenn dann am Schluß ein Sinn im Netz hängen bleibt, ist das schön. Aber man kann nicht den umgekehrten Weg gehen, indem man einen Sinn in die vielen Vorgänge hineinträgt. Das wäre nicht ehrlich, wobei ich natürlich keine moralische Ehrlichkeit meine, sondern eine Ehrlichkeit von Erkenntnisvorgängen. Das hat nur mit mir selber zu tun, nicht mit den anderen.

Man spricht ja nicht nur von sprachlicher Parataxe, sondern auch von psychologischer Parataxe, also Störung der sozialen Beziehungen durch falsche Urteile und Vorstellungen, wiederum das Gegenteil eines in sich harmonischen Ganzen. Ihre Figuren wollen sich verständlich machen, doch die Gespräche sind oft Monologe. Neben die sprachliche Parataxe tritt die psychologische Parataxe.

Ein wichtiges Kapitel, ein Schlüsselkapitel in <u>Die Wolken</u> ist für mich die Stelle, wo Gobbo die Modeentwürfe macht, wo man sieht, wie er aus einem das andere werden lassen kann. Er kann alles verwandeln. Wenn er eine Familie beim Essen sieht, überlegt er, wozu ihn das inspiriert. Das ist der Schlüssel für das Austauschbare in diesem Weltbild: alle Eindrücke dienen letzten Endes nur dazu, neue Waren zu erzeugen. Schon die Eindrücke sind vorprogrammiert, und weiterverfolgt werden sie nur insoweit, als sie verwendbar sind. Wenn er einen Bauern im Trachtenanzug sieht, überlegt er, ob er eine neue Kollektion daraus machen kann. Wenn er einen Biber sehen würde, würde er überlegen, ob er den Biberschwanz an einem Hut aufmontieren könnte. An der Welt ist er nur so weit interessiert, als sie für seinen Handel und Wandel dienlich sein kann. Ein anderes Lebensinteresse hat er nicht. Dadurch entsteht eine Art Pseudo-Metamorphose, ein Pseudo-Reichtum. Wenn ich durch ein Kaufhaus gehe, habe ich auch das Gefühl dieses Pseudo-Reichtums. Ich habe eine unheimliche Vielfalt von Möglichkeiten, aber zweimal im Jahr werden alle Möglichkeiten auf den Abfall geworfen, im Ausverkauf, oder im Rausverkauf, wie es jetzt heißt; dann kommt ein neuer Reichtum, der wieder nichts bedeutet. Das ist der innere Motor, der diese Figur, den Gobbo, weitertreibt. Das Ideal des wahren Reichtums wäre, etwas Unverbrauchbares zu finden, etwas, zu dem man immer wieder zurückkommen kann. Die Gesellschaft, in der ich mich bewege, ist geprägt von einem Wegwerf-Reichtum. Das gilt auch für die menschlichen Beziehungen. Alles ist austauschbar, nichts bedeutet etwas in sich selbst. Das ist das Hintergrundmuster des ganzen Buches, Die Wolken also. Alles treibt dahin wie die Wolken, schemenhaft, nicht wie eine Quelle, die immer fließt, zu der man immer gehen kann, und sei es bloß, daß man die Quelle ironisch betrachten könnte wie Thomas Mann, also als etwas, das man nicht ganz ernst nimmt, doch kann man immer wieder dorthin zurückkehren. Viele meiner Bücher haben diese Anstrengung als Hintergrund: aus der Vereinzelung und Entwurzelung heraus Zugang zu finden zu etwas Tragfähigem, einem Halt letzten Endes. Das ist nicht leicht auszudrücken, ohne ins Predigerhafte zu verfallen. Darüber kann man eigentlich gar nicht reden. Man kann sich anstrengen und bemühen, im Text, durch genaues Beobachten und Festhalten das Wertvolle aufscheinen zu lassen, von ferne. Mehr kann man nicht tun. Man kann es nicht herzitieren. Das wäre Schwindel, Wortverdreherei. Es müßte sich in dem Gitter des Textes zeigen. Manchmal zeigt es sich auch, für mich jedenfalls. Wenn man sich mit einem Text beschäftigt, gewinnt der Text immer mehr an Eigenleben, unabhängig vom ursprünglichen Vorhaben, aber im Überlagern der Ideengitter -- jeder Satz hat einen funktionalen Zweck, die bezogenen bilden ein Ideengitter -- entsteht eine Kraftbewegung, die von mir nicht erzeugt worden ist, die von mir nur mittelbar erzeugt worden ist. Das ist das Gefühl der ewigen Metamorphose der Welt, ein Kraftfluß. Für mich ist das schon ein Beweis, auf den ich mich verlassen kann, der mich bestätigt. Freilich ist das etwas Transitorisches, der ewige Fluß, der schon bei Heraklit fließt, aber mir genügt das schon. Das kann ich im Text anschaulich machen und den Leser erleben lassen. Über mehr Wahrheit kann ich nicht verfügen, weil ich nur diese Methode habe. Ich kann nur schauen und festhalten, mit möglichst viel Witz, Ironie, Wissen, Formsinn und Kraft.

Geradezu rührend ist die Bemerkung eines Kritikers: "Wie gerne würde man auf solche Sätze verzichten wie: Irgendwo hämmerte ein Schmied." Hier drückt sich die Sehnsucht aus nach einem roten Faden von Satz zu Satz, nach einem Erzähler, der den Leser an der Hand nimmt und führt.

Sicher ist das ein Ansatzpunkt von kritischen Einwänden, das Desorientierte dem Autor zur Last zu legen. Bei meiner Poetik muß ich den Leser einkalkulieren, ich muß mir so etwas wie einen Mittelwert von Leser vorstellen, denn der Text entsteht ja im Leser, aus der Interferenz der Gitter. Natürlich gibt es Leute, die schneller auffassen oder sich gewandter in den Gittern vorwärts bewegen. Für die ist ein Satz dann schon zuviel, weil sie sich sagen, das weiß ich ohnehin. Ich kann aber nicht für jeden Leser schreiben, sondern nur für eine Art Mittelwert. Es gibt ja diese Kurzfassungen von Büchern, A shorter Finnegans Wake zum Beispiel, an sich ein Unding. Stellen Sie sich einmal einen Shorter Faust vor. Ich könnte mir aber ohne weiteres A shorter P.R. vorstellen.

Das Projekt ist mir wichtiger als die Arabesken, da der Text für mich auch nichts Endgültiges ist. Bei meinen Überlegungen bin ich so weit gekommen, und das steckt in dem Text drin. Den kann man dann verkürzen, für mich ist das nicht wesentlich. Der Stolz aufs

Werk, aufs unantastbare, der ist mir völlig fremd. Ein Torso dieser Texte müßte immer noch so viel enthalten, daß man verstehen kann, was ich will.

Ich würde eher sagen, Sie wenden sich nicht an den Durchschnittsleser, sondern an den aufmerksamen Leser, und Sie setzen eine Menge voraus. Ich selber betrachte mich als Durchschnittsleser, und oft frage ich mich bei Ihren Texten: was soll das? Bei ganzen Kapiteln habe ich mir diese Frage gestellt. Sicher hat das damit zu tun, daß ich nicht in Wien lebe oder in einer anderen europäischen Großstadt, wo die Antworten auf der Straße liegen, wie Sie einmal sagten. Ich kann mir auch sehr gut die Ratlosigkeit eines Québecers bei der Lektüre eines Ihrer Bücher vorstellen.

Natürlich ist mein Vorgehen ziemlich lakonisch. Es ist eher rücksichtslos. Vom Wollen her möchte ich mich verständlich machen, ich bin kein Hermetiker. Ein Hermetiker würde sagen: was ich mitteilen kann, ist etwas Verschlüsseltes, etwas Verschlossenes, wo man nicht hinein kann, ein Rätsel. Als Rationalist, als den ich mich betrachte -- "Rationalist" in Anführungsstrichen -- will ich mich mitteilen. Wenn die Mitteilung nicht ankommt, tut es mir leid. Und daß ich viel voraussetze... Ich komme aus einer alten Kulturlandschaft. Viele Sachen sind mir zugefallen, die man sich mühsam aneignen muß, wenn man in Québec aufgewachsen ist beispielsweise. Spöttisch formuliert: ich bin auf einem alten Misthaufen aufgewachsen, wo besonders viele Würmer herumkriechen, und die pickt man dann auf. Es gibt ja das alte Schlagwort von der Jugend Amerikas. Da ist etwas dran. Hier sieht man Prozesse anlaufen, die bei uns zur Vergangenheit gehören, manchmal ganz konkret, die Seeufer-Verbauung zum Beispiel. In Europa ist das Eigentum ganz anders definiert als hier, was natürlich aufs Bewußtsein zurückstrahlt. Hier kann man oft in unsere Kinderstube schauen. Hier macht man heute die Fehler, die wir lange hinter uns haben.

Noch ein Zitat aus <u>Die Wolken</u>: *"Sie dachte daran, wie der Kuchen den Kindern schmecken würde, und sie freute sich." Das ist alltäglich, fast banal, die Freuden der Gewöhnlichkeit.*

*Das läßt sich erreichen, den Kuchen kann jeder backen.
Demgegenüber steht der gewaltige Aufwand von Himmel und
Engeln, die auf gewaltigen Wolkengebirgen thronen, der
Aufwand führt aber nicht weit. Nach der Feststellung: "Das ist
der Erlöser" von Gobbo folgt schließlich das hilflose: "Da sind
wir nun, da sind wir, und er wandte sich um, als suche er
etwas." Verlassenheit im Großen, bescheidenes Glück im
Kleinen, könnte man das so auf einen Nenner bringen?*

Die beiden fahren nach Italien, wo sie in einer Kirche ein barockes
oder ein Renaissance-Gemälde betrachten, ein Deckengemälde
jedenfalls. Sie haben das ganze Himmelstheater vor sich, und
Gobbo kann nichts damit anfangen. Das Wort Erlöser bedeutet für
ihn nicht mehr als ein anderes Wort, Fleckenlöser von mir aus. Er
kann es gar nicht mit einem Sinn aufladen, in seiner Welt ist dafür
kein Platz vorgesehen. Die alte Kosmologie mit Gott, Engeln und
der Welt wird von mir natürlich miterzählt, über das barocke
Gemälde. Die Reaktion der Betrachter aber ist nicht so verschieden
von der Reaktion auf ein gutes Buffet, Hummer, Lachs und
Krabben, und dann gehen sie wieder weiter. Gehen Sie einmal zur
Reisezeit in eine Kirche in Italien, da können Sie die gleiche
Feststellung machen. Immer mehr Menschen können diese Werke
besichtigen, und sie kommen mit immer weniger Ergebnis aus
diesen Kirchen oder Museen heraus. Bei manchen Ausstellungen
muß man sich schon Monate vorher anmelden: Dann zieht ein
endloser Strom von Menschen vorbei und betrachtet die Ikonen -- in
einer anderen Kultur würde man sie als Fetische bezeichnen --, aber
die Leute tragen von den Ikonen fast nichts mehr weg. Ikonen der
Sinnlosigkeit könnte man sie nennen. Natürlich muß man diese
Szene einordnen in den Kontext des <u>15000-Seelen</u>-Projekts. Die
Sinnsuche bei Gobbo führt so weit, daß er irgendwann einmal eine
Modekollektion machen wird, in der die Engel in irgendeiner Form
vorkommen. So erlebt der Leser deutlich die Differenz zwischen
zwei Welten. Nach vorwärts gewandt wird diese Differenz zum
Auftrag. Man möchte gerne eine Sicherheit finden. Man soll sich
aber keine vorgaukeln oder vorgaukeln lassen. Wenn man <u>Die
Wolken</u> im Zusammenhang sieht mit <u>Der Aufstand</u>, bekommt man
eine gewisse Antwort. Dort geht es ja auch um Sinnsuche, diesmal
in einem sozialrevolutionären Kontext. Der Sinn wird dort nicht bei

Engeln in einer Kirchenkuppel gesucht, sondern auf der Straße, in der Mitmenschlichkeit, im Dazugehören. Im Zusammenspiel der beiden Bücher ergibt sich so etwas wie ein Kosmos.

Ich komme nochmals zurück auf das Zitat: "Sie dachte daran, wie der Kuchen den Kindern schmecken würde, und sie freute sich." Das ist meilenweit entfernt von der Trostlosigkeit und Ausweglosigkeit Ihrer frühen Bücher. In Alben wäre dieser Satz undenkbar.

Ich habe mich vom parabolischen Kalkül abgewendet, weil dort, sobald ich die ersten drei Sätze geschrieben habe, alle weiteren Sätze schon vorbestimmt sind -- wie bei einem Brückenbogen: wenn ich drei Ziegelsteine gelegt habe, muß ich alle anderen in einer bestimmten Folge legen, aus dem formalen Kalkül heraus. Später habe ich mich von meinen Wahrnehmungen leiten lassen, wobei ich eine viel größere Freiheit behalte. Hier stelle ich die Freude der Mutter beim Kuchenbacken dar. Ich könnte diese Freude hinterher in Frage stellen, könnte sagen, sie ist nichts wert. Jedenfalls existiert sie. Aus solchen Wahrnehmungspartikeln habe ich Gebilde aufgebaut, in der Hoffnung, von diesen Gebilden etwas abzuleiten, was weiterhilft, vielleicht sogar einen Halt, nicht nur für mich, sondern auch für andere, in der erwähnten Robinson-Position. Das außergewöhnliche Leben gehört der Reklame an, die außergewöhnlichen Dinge geschehen am Bildschirm. Das normale Leben spielt sich ab zwischen Mikrowellenherd und U-Bahn und Hochhausaufzug, und bei dieser Wirklichkeit muß ich anfangen und aufhören. Die Alltäglichkeit ergibt sich aus der Aufgabe. Wir leben in einer Welt, in der nicht Kolumbus unterwegs ist, auch nicht Fridtjof Nansen oder Amundsen. Bei uns ist Reinhold Messner fürs Fernsehen unterwegs in der Arktis, und wir sitzen vorm Fernsehen und essen Kellog's Chips.

Wenn jetzt dieses Treibgas verboten wird, dieses FCKW, ist das der Anfang einer totalen Verwaltung. Das erste Mal verbieten sich die Menschen etwas, das sie entdeckt haben. Bisher haben wir immer auf ein offenes Ende hin gearbeitet, mit dem Gefühl der endlosen Möglichkeiten. Jetzt ist der Rausch der Endlosigkeit zu Ende gegangen, und wir beginnen, alles vernetzt zu verwalten. Dadurch entstehen ganz andere Probleme. Auf die Literatur übertragen heißt das: das Herunterkommen des Helden, das wir seit dem neunzehnten Jahrhundert beobachten, wird sich fortsetzen. Außerordentliches Leben ist heute Erfindung von irgendwelchen Betrügern. Das harte Wort muß hier her. Heute geht es um die Frage: wie wird sich das Individuum in einer verwalteten Welt behaupten können? Als letztes Abenteuer bleibt uns nur noch der Tod. Alle anderen Abenteuer sind zu Pseudo-Abenteuern verkommen. In der immer enger werdenden Vernetzung ist jede Handlung schon von vornherein eingebunden in eine Reihe von anderen Handlungen, was früher nicht der Fall war. Der Ausgang war keinesfalls gesichert, da gab es ein echtes offenes Ende. Im Alltag fehlen diese offenen Enden heute völlig. Es gibt sie höchstens noch für die Forscher in der Tiefe des Materials, und das Leben dieser Forscher sieht aus wie das Leben irgendeines x-beliebigen Beamten. Dieser Alltäglichkeit wende ich mich immer mehr zu. Ich bin kein Schriftsteller einer Welt mit offenen Enden, sondern einer Welt, die in die große Verwaltung hineintreibt.

So etwas Ähnliches wollen Sie wahrscheinlich andeuten am Ende von Landschaftsbericht, wenn Sie sagen: "Fangen wir an." Das ist zu naiv optimistisch, um ohne Ironie akzeptiert zu werden.

Dieser Satz verweist erst einmal auf den Anfang des Buches. Das ist das Ironische. Die Frage, was ist Kunst und was ist Literatur, stellt sich im Hinblick auf eine völlig verwaltete Welt natürlich völlig neu. Das wäre das zweite. Mit Blick auf die Literatur frage ich mich immer mehr und immer öfters: was soll das überhaupt? Das ist ein kulturelles Spiel, an das man sich über lange Zeiten hin gewöhnt hat, aber was soll das eigentlich? Irgendwelche Leute sitzen da in ihren Stuben und schreiben ihre Gedanken auf, und die andern kaufen das dann als Buch, setzen sich damit in einen Sessel, lachen darüber, wundern sich, fühlen sich bestärkt. Das ist eine Art Probebühne, wo man im Feld der Ideen Experimente ausführen kann, mit Figuren in den verschiedensten Situationen, um zu sehen, was dabei herauskommt. Man kann Beobachtungen zusammenmontieren, die man über weite Strecken gesammelt hat, die man in dieser Verdichtung normalerweise nicht erleben würde.

Natürlich ist der Satz "Fangen wir an" mit einem ironischen Grinsen zu verstehen, denn er verweist auf das Zirkulare, auf den Anfang, darauf, daß das Ganze in sich ruht, daß es keinen Sinn über sich hinaus beanspruchen kann, grundsätzlich; und danach, paradoxerweise, daß es diesen Sinn über sich hinaus geradezu proklamiert. Was ich jetzt sage, klingt vielleicht für Sie komisch: das ist für mich ein Ja zur Literatur, trotz aller Skepsis und Zweifel. Die Gebiete des Wissens sind heute so groß, daß der Schriftsteller in seiner Abgeschiedenheit schwer gehandicapt ist. Gegenüber den Instituten, die dafür speziell eingerichtet sind, gerät er unweigerlich ins Hintertreffen. Sein Vorteil ist erstens, daß er niemandem verantwortlich ist. Die subventionierte Wissenschaft bekommt gesagt, wohin sie zu schauen hat und was sie entdecken soll, und das entdeckt sie natürlich auch. Ich kann hinschauen, wo ich hinschauen möchte, kann mich konzentrieren auf die verschwitzten Schuhe der großen Wirtschaftskapitäne oder des Herrn Bush, wenn mich das interessiert. Ich kann den Blickwinkel wählen, den ein Nicht-Schriftsteller normalerweise nicht wählen kann. Das ist der Vorteil der Institution Literatur. Zweitens kann ich, durch Verdichtung und Anreicherung, ein ganzes Leben auf einer Seite zusammenziehen. Ich kann unendlich viele Einzelfakten und Einzeldaten kombinieren zu einem Sinnmuster. Dieses Sinnmuster wiederum kann ich als Rückgrat eines Buches einsetzen oder als den kleinen Finger sozusagen. Die Wertigkeit der verschiedenen Komponenten kann ich beliebig variieren. Als Beispiel: man kann eine Familiengeschichte in den Vordergrund stellen und von dorther gewisse Vorgänge ableiten, ökonomische, soziale, existentielle; oder ich kann die Familie im Hintergrund ansiedeln, mit ökonomischen, sozialen, politischen Ereignissen im Vordergrund. So kann man den Raster hin und her schieben. Schließlich ist Literatur ein Spiel. In dem Spiel kann ich viele Bewegungen ausführen und simulieren und mir ausrechnen, welches Ergebnis entsteht, wenn... Schließlich kommen wir zum funktionalen Aspekt. Trocken ausgedrückt: Die Literatur kostet der Gesellschaft am wenigsten. Die Gesellschaft leistet sich den Luxus, sich selber zu überfliegen. Mit Hilfe des Schriftstellers kann sie sich auf den Hinterkopf schauen, kann sehen, wo sie hinsteuert. Das kostet der Gesellschaft wenig; auch wenn sie tausend Schriftsteller ernährt, die nichts zusammenbringen, ist es für die Gesellschaft immer noch ein gutes

Geschäft, denn die Kosten einer wissenschaftlichen Institution sind viel höher, und die leistet oft nichts weiter als ein Muster des ohnehin Vorhandenen weiter auszuwalzen. Viele wissenschaftliche Erkenntnisse heute, besonders in den Naturwissenschaften, sind Fortsetzungen der darwinistischen Konzeption, die sich immer mehr verfeinert. Für mich ist das stinkfad, so nützlich das Ergebnis auch manchmal sein mag. Die Aufgabe wurde vor hundert Jahren gestellt, jetzt wird sie immer wieder neu beantwortet, in immer kleineren Nebenfragen. Wittgenstein hat einen neuen Ansatz zur Beobachtung der Sprache gesetzt, und jetzt gibt es Hunderte von Büchern, _Wittgenstein und Kant_, _Wittgenstein und Hegel_, _Wittgenstein und_ ... und ... und ... Da wird immer wieder dasselbe Phänomen untersucht, ohne daß etwas Neues herauskommt. Es wird nur immer wieder befestigt in den alten Mustern. Dasselbe haben wir bei Marx gehabt oder bei Freud. Wenn der Schriftsteller seine Aufgabe wahrnimmt, kann er immer wieder durchschlüpfen, wie der Däumling. Er kann sich den Luxus einer neuen Betrachtungsweise erlauben. Auch bei einem naturwissenschaftlichen Aufsatz ist die ästhetische Komponente der Sprache immer anwesend. Es gibt schöne Sätze und weniger schöne Sätze, es gibt eine schöne Folge von Worten und eine mißtönende Folge, mißgestaltet, auch von der Idee her. Jeder Aufsatz über Molekularbiologie ist gleichzeitig ein ästhetisches Produkt und als solches Literatur. Bei der schöngeistigen Literatur steht die sinnliche Qualität stärker im Vordergrund, aber sonst unterscheidet sie sich nicht von der wissenschaftlichen Literatur. Die Linguisten beispielsweise können keinen Unterschied feststellen. Sie können, streng genommen, nicht nachweisen, welcher Text schöngeistige Literatur ist und welcher Text wissenschaftliche Literatur. Dieser Aufgabe dienen meine Texte manchmal. _Rebus_ unterläuft den Anspruch der Gesellschaftswissenschaften. Ich bin kein Literaturliterat, der von vornherein in die Ecke schöngeistige Literatur gehört. (lacht).

Der Anspruch aus dem neunzehnten Jahrhundert, daß Literatur eine andere Qualität hat, ist nicht mehr zu halten. Deshalb haben Leute wie Wittgenstein geträumt von der Metasprache, der Übersprache, die keine Aktion mehr hat, wo aber jeder Partikel erklärt werden kann. Eine mathematische Sprache wäre das. Natürlich ist das ein

Traum. Es gibt keine Metasprache. Alle verwenden dieselbe Sprache, eine Sprache, in der Bedeutungen mitschwingen, die sie gar nicht drinnen haben wollen, die mitfahren als blinde Passagiere. Als Schriftsteller muß man mit diesen blinden Passagieren rechnen, die vielleicht eine gewisse psychologische Bedeutung haben. Die Wissenschaft hat sich bemüht, eine Sprache zu finden, bei der die blinden Passagiere wegfallen, mit der man sich eindeutig ausdrücken könnte. Das gibt es leider nicht. Es ist zum Lachen.

Müssen Sie auch lachen, wenn man Sie völlig mißversteht? Den letzten Satz von <u>*Landschaftsbericht*</u> *hat man ja schon ganz anders gedeutet, gar nicht ironisch, sondern hemdsärmelig: Fangen wir an! Also der Dichter will die Welt neu erschaffen, eine bessere, schönere Welt.*

Über Kritik und falsche Interpretationen kann ich mich nicht ärgern, das sagte ich neulich schon. Bücher haben meist ein längeres Leben als der Autor, manche Bücher jedenfalls. Der Sinn eines Buches entsteht immer wieder neu, bei jedem Lesen. Literatur hat ohnehin etwas mit Megalomanie zu tun. Da bildet sich ein Mensch ein, er hätte allen anderen etwas mitzuteilen. Das ist ein Anspruch, der kaum haltbar ist, durch nichts zu begründen. Jemand kann noch so gescheit, so gebildet, so wortgewandt sein -- woher nimmt er das Recht, zu glauben, daß seine Ideen alle anderen interessieren müßten? Nun hat es diese Sänger und Seher und Schreiber immer gegeben, und heute existiert diese Institution Literatur mit einem anderen Inhalt weiter. Es kommt nur darauf an, daß die Bücher aufgehoben werden, dann entsteht ihr Sinn immer wieder neu, immer wieder anders. So sehr ich abhängig bin von dem kulturellen Feld, aus dem ich komme und in dem ich operiere -- ich kann nur mich selber erfinden, aber nicht die andere Welt noch dazu. Ich werde sowieso schon gelesen, da ich schreibe. Die Zeichen, die ich hinsetze, geben einen Sinn, der weit über den Sinn hinausgeht, den ich hineinlege. Diese Zeichen definieren sich in einem sozialen Kontext, der von immer neuen Menschen immer neu ausgedeutet wird. In fünfzig Jahren lesen sich die Zeichen sicher etwas anders als heute. Eine bestimmte Notwendigkeit liegt im Text drin. Er zwingt den Leser, dieses und jenes zu denken. Daneben herrscht der Zufall, herrschen die psychologische Ausrüstung des Lesers und die kulturelle Situation, in der er sich befindet. Das Zusammenspiel dieser Kräfte definiert den Text. Einen eindeutigen Text gibt es nicht. Warum soll ich mich auch ärgern? Ich mache mein Kalkül möglichst genau und setze es möglichst genau um. Wenn mir jemand einen Fehler im Kalkül nachweisen kann oder in der Umsetzung, kann ich das verifizieren. Ein Leser, ein Kritiker darf sich auch mal irren. Ich irre mich auch manchmal. Die Welt ist ohnehin so groß, daß nur ein Dummkopf annehmen kann, jemand könne ihm was verstellen oder verwehren oder vernageln. Frühere Schriftsteller haben oft die Mächtigen zum Feind gehabt, als die Mächtigen noch viel mehr Macht hatten als heute, und am Ende hat sich immer die Wahrheit durchgesetzt. Wenn der Text schlüssig ist, wenn er etwas transportiert, setzt er sich durch. Das ist eine andere Frage: Welche Macht haben die Kritiker der führenden Zeitungen? Welche Macht haben die Verwalter der Medien? Inwieweit sind Ereignisse wirklich, wenn sie nicht in den Medien stehen? Viele Leute leben nur mehr in der Wirklichkeit, die von den Medien vermittelt wird. Eine andere Wirklichkeit kennen sie gar nicht. Ein Buch, das nicht in den Medien erscheint, gibt es für sie nicht. Das lebt dann nur in einem Subreich, im Tiefparterre der Université Laval in der Sammlung Premier cycle, für fünf Köpfe. Alle anderen wissen nichts davon. Aber ich glaube an die Wiederauferstehung von Büchern.

Auf dem Umschlag von Landschaftsbericht ist von einem Mythos des Menschen die Rede, der entworfen werden soll. Ist das nicht ein großer Anspruch?

Der Anspruch stammt nicht von mir. Ich kann aber genau sagen, was mich in Landschaftsbericht bewegt hat. Ich habe dort versucht, die alten mythischen Figuren, die Götter auftreten lassen, um zu schauen, ob das heute noch sinnvoll ist, ob uns das noch etwas sagen kann. Da taucht also die Diana auf. Hat der Leser das Gefühl, das ist Unsinn, oder wird da tatsächlich etwas vermittelt? Ein Mythos ist das Werk vieler Generationen, ein Einzelner kann gar keinen Mythos schaffen. Ich kann aber überkommene Mythen in neuen Texten erproben. Wenn die Mythen hohl bleiben, kann ein Gefühl der Peinlichkeit entstehen. Vielleicht sind sie aber noch potentielle Sinnträger. In diesem kleinen Text, Landschaftsbericht ist ja nicht sehr lang, habe ich einige dieser Figuren ausprobiert, und ich glaube, daß sie noch als Sinnträger in Frage kommen, natürlich nur für sehr unscharfe Felder. Dieser Ares, der Kriegsgott, der das Gold aus den Leichen herauswühlt, ist ein Sinnbild, das in unserer Welt noch trägt. Etwas Scharfes kann uns diese Figur nicht mehr vermitteln, nur eine Ahnung von etwas, wie ein Muster, das sehr weit entfernt ist. Als Basis für die alte Dichtung hat immer der Mythos fungiert. Das geht natürlich nicht mehr. Einen neuen Mythos vom Menschen wollte ich sicher nicht schaffen. Das ist lachhaft. Ich habe lediglich ausprobiert, inwieweit die alten mythischen Figuren noch als Sinnmuster gültig sind. Sie sind sicher nicht belanglos. Sie sind wie ein Schattentheater, wie ein fernes Singen auf den Hügeln der Prosa.

Eine abschließende Frage, eher über die Werkstatt des Autors: Landschaftsbericht zerfällt in zwei Teile, jeweils mit einem tropischen und einem nordischen Hintergrund, zwei Seiten derselben Münze. Man hat den Eindruck, Sie sehen die Landschaften vor sich, als Bild, mit tausend verschiedenen Details. Sehen Sie diese Bilder beim Schreiben tatsächlich vor sich, mit allen Farben und Nuancen?

Das wäre eine Frage für einen Psychologen. Nein, das kann ich nicht sagen. Das sind einfach Konstrukte, wo alles seinen Sinn und Zweck hat. Wenn ich weißes Papier vor mir habe, besitze ich noch meine volle Freiheit. Sobald ich den ersten Strich gemacht habe, werde ich von einem Konzept gelenkt. Die Gefahr besteht, daß sich das Konzept von alleine fortschreibt. Eine expressive Ausdrucksgeste ruft, wie ein Echo, schon die nächste auf den Plan. Diesem Muster darf der Schriftsteller nicht erliegen. Er muß immer zu dem zurückkehren, was er sich ursprünglich vorgenommen hat. Ein Kind tut einen ersten Schritt vor dem Haus zu einer Pfütze hin, weil sie so schön glänzt. Wenn es dann in der Pfütze planscht, sieht es was anderes und läuft dorthin, und so geht es weiter. Am Schluß ist das Kind so weit vom Ausgangspunkt entfernt, daß es nicht mehr weiß, wie es dort hingekommen ist. In diese Situation kommt man durch einen Text, den man selber schafft.

Schaffen wäre in diesem Kontext also besser angebracht als beschreiben.

Ja, doch, schaffen, und immer kontrollieren, wie bin ich zu diesem Punkt gekommen, also sich nicht forttreiben lassen. Vielleicht muß man den Zwang des Musters destruieren, dem Muster sozusagen einen Fußtritt geben. Das Muster verdeckt leicht den Fakt, wie er sich präsentiert. Das Muster ist eine Meta-Wahrheit. Dem muß man entkommen, damit der Blick freibleibt wie am Anfang.

*Wir hatten schon einmal über das Fehlen von funktionslosen
Sätzen in Ihren Büchern gesprochen. Alle Sätze sind irgendwie
befrachtet. Wenn ein Kanal, der vom Schlachthof kommt und
allerhand Fett und Blut mitführt, in einen Fluß mündet, dann
sind wir schon auf etwas eingestimmt. Ihre Prosasätze haben
den Stellenwert, die Aussagekraft von Sätzen im Gedicht. Oder
gibt es doch Sätze, die nicht aufgeladen, nicht
bedeutungsschwanger sind?*

Das ist richtig, die Sätze sind immer aufgeladen. Das Grunderlebnis
ist das Erlebnis der Differenz zwischen der Beobachtung, die ich
mache, und dem Wunsch, den ich hege. Zwischen den beiden liegt
eine Spanne. Meine Sätze können nur das decken, was ich erlebe
und was ich erkenne. Aufgeladen sind sie von den Wünschen, die
mich über die Sätze hinwegtragen, was man als überschüssige
Energie bezeichnen könnte. Außerdem sind sie immer aufgeladen
von einem Metatext. Der Satz bedeutet erst einmal vordergründig
etwas an der Stelle, an der er steht. Dann bedeutet er dreimal so
viel, weil er korrespondiert mit Sätzen, die vielleicht zehn Seiten
später kommen. Vor allem in <u>Rebus</u>, überhaupt in den späteren
Arbeiten, haben die Sätze meist fünf oder sechs Funktionen. Das
merkt der Leser natürlich. Ein Kritiker hat mal geschrieben, <u>Rebus</u>
wirke, als ob es aus einer Fremdsprache übersetzt wäre. Am
liebsten hätte ich ihm geschrieben: ja, aus dem Denken. (Lachen)

*Also das gemütliche Zurücklehnen im Sessel beim Lesen Ihrer
Bücher ist nicht die richtige Haltung.*

Ich weiß es nicht. Zuerst stimme ich Ihnen da einmal zu. Die
meisten Leser lesen das relativ schnell. Der Metatext zieht einen
weiter; das ist das, was ich als Wunsch definiert habe, der
verschieden ist in den verschiedenen Büchern. Alle Sätze treiben
weiter; sie wollen etwas anderes als sich selbst. Sie ruhen nicht
behaglich in sich selbst. Ein Satz ist ein Trampolin, von dem man
weiterspringt. Das ist wie in einem Fluß, in dem Steine liegen, und

man muß von einem Stein zum andern springen. Man muß auch
schnell springen, damit man immer wieder trifft, sonst rutscht man
vielleicht ab und fällt in den Fluß. Und der Fluß ist ziemlich finster.

*Beim Lesen Ihrer Bücher habe ich manchmal festgestellt, daß ich
in eine Art Sog gerate, fast in eine Trance, die immer weiter
zieht.*

Das mag sein. Das ist ja keine Magie, das ist erklärbar. Die
Energien, die in der zweiten und der dritten und der vierten
Bedeutung liegen, machen sich bemerkbar, auch wenn man es nicht
realisiert. Natürlich läßt sich das auflösen. Was ein Mensch
gemacht hat, kann ein anderer Mensch aufknacken. Richtig ist Ihr
Verweis aufs Gedicht. Das ist eine Methode, die aus der Lyrik
kommt. Im Roman ist das nicht das Übliche. Es gibt da die
Leitmotive, in meinen Texten, aber wenige Symbole. Ich habe mich
nie um Symbole bemüht. Ich habe weder Symbole erfunden noch
Symbole übernommen. Ich arbeite lieber mit Korrespondenzen.
Das ist eine Methode der Vernunft; wenn man sich die Mühe machen
will, kann man alles erklären. Ich kann mich rechtfertigen. Mehr
kann man von einem Menschen nicht verlangen.

*Da wir gerade von Gedichten sprechen: ich gehe davon aus, daß
Sie nicht unbedingt über Ihre Gedichte sprechen wollen.
(Vielleicht irre ich mich da). Ich beschränke mich deshalb auf
eine einzige Frage und kleide sie noch dazu in die Form eines
persönlichen Hilferufs. Gesetzt den Fall, ein Student würde
mich bitten, ihm das folgende Gedicht zu erklären -- was könnte
ich ihm antworten?*

> *Ich kann viele Bäume malen, hat mein*
> *Freund einmal gesagt. Mal nur immer,*
> *möcht ich sagen, du kannst es gut*

Ich würde dem Studenten antworten: mach nur deine Gedichte.
Dann schau dich um in der Welt, und du wirst sehen, daß das
Gedicht nur vier Zeilen auf Papier sind, auch wenn noch so viel
darin liegt. Das ist ganz chinesisch. Das ist der Verweis auf das
Erreichte und auf das Unerreichte. Man erreicht etwas, vielleicht

sogar viel, aber man erreicht immer nichts, im Vergleich zum Unerreichten. Besser läßt sich das nicht erklären. Man erreicht etwas, man ist stolz darauf, man freut sich; und wenn man sich umschaut, wird die Freude immer kleiner.

Wie denken Sie heute über Ihr Jugendbuch <u>Nennt mich Tommy</u>? Sprachlich ist das eindrucksvoll, ganz dem Alter und dem sozialen Milieu des Ich-Erzählers angepaßt. Auf der anderen Seite paßt dieser Tommy ganz in die Reihe Ihrer Figuren, ein Außenseiter, ein Eulenspiegel, ein Wurzelloser, ein Taugenichts, ein Pikaro. Das Buch fängt auch eine ganze Menge sozialer Wirklichkeit ein. Hat es Sie nicht verlockt, weitere Bücher dieser Art zu schreiben?

Für mich war das eine Seitenstraße, ein Seitenarm meiner eigentlichen Arbeit. Schon der Begriff Jugendbuch ist fragwürdig. Die besten Jugendbücher sind Bücher für Erwachsene. <u>Robinson Crusoe</u> war ursprünglich nicht für Kinder geschrieben, sondern für Erwachsene. Dasselbe gilt für mein Lieblingsbuch <u>Gullivers Reisen</u>. Das war eine Satire für Erwachsene. Diese Bücher sind zu Jugendbüchern abgesunken. Als ihre Inhalte, ihre Sinnlinien für Erwachsene nicht mehr verständlich waren oder nicht mehr aktuell waren, sind sie in die Hände der Kinder gekommen. Die besten Jugendbücher kann man jederzeit wieder beleben. Daß man sich gezielt hinsetzt und für Jugendliche schreibt, das gibt es erst seit sehr kurzer Zeit. Auch die Märchen wurden früher im Kreis der Familie erzählt, für die Kinder und für die Erwachsenen. Das waren keine Märchen für Kinder.

Ich weiß nicht, an wen Mark Twain gedacht hat, als er seinen <u>Tom Sawyer</u> schrieb.

Sicher nicht an Jugendliche. Das glaube ich nicht. Ich ziehe auf jeden Fall die unteilbare Literatur vor.

Der Skulpteur Franz Rosei, der Bruder Franz in "Flußufer von früher", schließlich der Bruder Franz in "Franz und ich" -- sind diese Figuren miteinander verwandt, und sei es von ganz ferne?

Nein, überhaupt nicht. Mein Bruder ist Bildhauer und Zeichner. "Flußufer von früher" ist ziemlich authentisch. Wir haben damals auf dem Land gewohnt, in einem Bauernhaus. Ich habe dort die Entwürfe geschrieben. Abends sind wir zusammen spazieren gegangen im Weinviertel. "Franz und ich" ist etwas ganz anderes. Daß der Bruder dort Franz heißt, habe ich schon lange bedauert, denn es hat Anlaß gegeben zu vielen Spekulationen. Dieser Franz, das bin ich eher selber, psychologisch gesprochen; ich habe fast alle seine Eigenschaften. Ich hätte die Figur lieber Karl nennen sollen, das wäre gescheiter gewesen. Es handelt sich hier um das Gegeneinander von zwei verschiedenen Methoden, doch beide laufen auf den Ruin der ererbten Wirtschaft hinaus, des überkommenen Systems.

Gibt es unter Ihren Figuren jemand, der Ihnen näher verwandt ist als die anderen? Murad ist Rechtsanwalt, aber er schreibt auch, und zwar nicht wie ein Rechtsanwalt, sondern eher wie ein Schriftsteller. Murad glaubt, wenn eine Sache erst einmal fixiert ist, kann man sie vergessen.

Das ist Murads Ansicht, aber nicht meine. Ich kann eine Sache vorläufig zu einem Ende bringen, befestigen in einem Konstrukt. Damit verliert sie für mich aber nicht die Gültigkeit. Ich beschäftige mich zwar nicht mit meinen früheren Arbeiten, aber in gewissem Sinn bin ich ihnen sehr treu geblieben. Eigentlich habe ich immer den gleichen Wunsch, werde bewegt von dem gleichen Wunsch, der sich nur in verschiedenen Gestalten materialisiert. Natürlich habe ich Jura studiert wie Murad, aber Murad steht mir nicht näher als meine anderen Figuren. Murad ist ironisch konzipiert, was noch nichts gegen Ihre These sagt, denn man kann sich sehr wohl ironisch darstellen. Murad ist mir verwandt wie der Karl in Von Hier nach Dort, nicht mehr. Wenn sich Murad als gepanzertes, unsinkbares Schiff sieht, das durch die Welt rauscht, mache ich mich gehörig lustig über ihn, über einen hoffnungslosen Egoisten. Die Werturteile behalte ich mir aber vor, die lasse ich den Leser sich selber bilden. Natürlich amüsiert es mich, wenn Kritiker diese Eigenschaften, daß jemand wie ein Eisbrecher durchs Leben fährt, als positiv interpretieren. Für mich ist das ein ganz negatives Bild. Wer die Ironie nicht fühlt, wird dieses Bild halt positiv auslegen.

Wenn man genau hinschaut, müßte man das aber als ironisch erkennen, in diesem Kontext. Meine moralischen Wertungen sind nicht aufdringlich, sondern behutsam in den Text eingelassen.

Murad meint auch, man könne die Welt nicht feiern, ohne zu lügen, weswegen er lieber schweigt.

Mit dem ersten Teil seiner Meinung kann ich mich völlig identifizieren. Die Konsequenz daraus stammt von jemand, der ohne Utopie lebt. Schweigen ist die Konsequenz des Nostalgikers, des Verweigerers, der nicht mehr in Bezug treten will zu der Welt, der alle menschlichen Kontakte abschneidet und in ewigem Heimweh nach gestern oder nach der Kindheit lebt, nach einem Paradies, das weit hinten liegt. Das ist die Taktik von Murad, aber nicht meine eigene. Meine ganze Tätigkeit ist utopischer Art. Der Defizit zwischen meinen Vorstellungen und dem, was wir neulich als Sinn diskutiert haben, treibt das ganze Werk. Deswegen setze ich mich überhaupt hin und schreibe, nicht als Bewältigung in dem Sinn: jetzt ist es erledigt. Das ist sicher nicht mein Fall.

Ein Kritiker fühlte sich bemüßigt, den Namen Murad rückwärts zu lesen, was meiner Meinung nach auch nicht viel weiter hilft. Den Namen Murad gibt es wahrscheinlich nur bei Ihnen.

Sicher bin ich unterirdisch über Almut auf Murad gekommen, durch Silbenvertauschen also, aber absichtlich habe ich das nicht gemacht. Vielleicht hätte ich den Namen auch vermieden, wenn ich gewußt hätte, daß er zu solch tiefsinnigen Spekulationen Anlaß geben könnte. Für mich wäre das billigste Schriftstellerei, wenn ein Autor eine bedeutende Botschaft in den Namen hineinlegen wollte.

Nicht oberflächlich hineinlegen, sondern unterirdisch, wie Sie sich ausdrücken, wie ja auch Kafka einige seiner Namen auf diese Weise zu erklären versucht hat.

Gut, aber der Sinn kann sich nicht im Namen erlösen. Er kann ein Partikel sein, ein Hinweis, nicht mehr. Im Fall Murad könnte sich die Familienverwandtschaft ausdrücken durch den ähnlichen Namen, die Silbenverwandtschaft. Das wäre für mich sinnvoller als das Rückwärtslesen des Namens. "Darum", damit kann ich überhaupt nichts anfangen. Was heißt das schon? Murad hat sich zu schweigen entschlossen, er panzert sich und schließt sich ab. Das bricht durch in dem ironischen Ende in der Oper, wo er belustigt und verärgert meint: wenn das so einfach wäre. Es ist aber so einfach, nur muß man sich dort bewähren, in der Liebe nämlich. Das bleibt niemandem erspart.

Wenn bei Ihnen jemand Walzer spielt, immer wieder Walzer und sonst nichts, dann ist das kein besonders gutes Signal. Dann ist das eher ein Zeichen von Mittelmäßigkeit. Was wäre, wenn jemand Schubert spielen würde, immer wieder Schubert und sonst nichts? Eine hypothetische Frage, denn noch ist es ja nicht so weit, noch spielt niemand Schubert bei Ihnen.

Darüber habe ich mir noch keine Gedanken gemacht. Bei Thomas Bernhard spielen die Leute oft ganz obsessiv. Sicher haben Sie recht, daß der Walzer bei mir ein Zeichen von Mittelmäßigkeit, von Oberflächlichkeit ist, eine Konnotation unter vielen, ohne tiefere Bedeutung. Mehr kann ich darüber nicht sagen.

Fluß, Strom, Meer, Bucht -- das sind alles positiv besetzte Zeichen. Bei Ihnen werden diese positiven Zeichen regelmäßig ins Wunschdenken verwiesen, in Hoffnungen und Träume. "Die Göttin der Flüsse schläft", heißt es in Mann & Frau, und zu Murads Bucht der Bestimmung: "Armer Murad, welche Hoffnung." Wenn es von jemand heißt, er habe das Meer gesehen, dann ist das ironisch gebrochen, denn was sieht er im Meer? Müll, ausrangierte Möbel und so weiter. Murad findet schließlich seine Bucht der Bestimmung in der Erotik, bei einer wohlgeformten Frau, wenn auch nur für einen Abend. Daneben gibt es freilich die nicht-ironischen Exklamationen: "Schau dich um in der Welt! Wie schön sie ist!" Oder noch einfacher: "Die Wolken!"

Zu dieser Frage fällt mir vor allem Von Hier nach Dort ein. Wenn man Meer sagt, glaubt man, man hätte das Meer im Griff, man hätte es zu seiner Verfügung. Es geht ja hier gar nicht um das Meer, es geht um das Leben, wie überall in der Literatur. Letzten Endes verweise ich mit all diesen Zeichen auf das Leben. Das ist die durchgehende Bestimmung. Das Wirkliche fängt erst hinter den Büchern an. Die Symbole, die Sie da ansprechen, sind sicher in meinen Büchern drin, aber das ist nicht bewußt gemacht. Alles ist nur Anleitung zum Leben. Ich bin kein Erlösungsschriftsteller, auch kein Anhänger von Literatur als Kunst und nur als Kunst. Diesen Typus des Schriftstellers gab es nicht nur in früheren Zeiten, den gibt es heute genau so. Ich mache meine Beobachtungen und ich versuche, möglichst genau zu fixieren. Wenn das glückt, kann der Leser etwas lernen und etwas erleben, bestenfalls. Dieses Erleben soll ihn verweisen auf das Leben, das er draußen führt. Ich selber habe noch nie ein Buch zum Vergnügen gelesen. Das Vergnügen ist für mich draußen, auf der Straße, in der Welt, mit irgendwelchen Menschen in einem Lokal -- nicht in Büchern. Bücher sind Surrogat. Bücher sind Anleitungen zum Eigentlichen. Für mein eigenes Leben sind sie ein Residium. Mein Leben ist mir wichtiger als das Buch.

Die meisten Leser lesen zum Vergnügen und dann erst zum Lernen. Seit zweitausend Jahren werden der Literatur diese beiden Funktionen zugeschrieben.

Abtrennen will ich mich vor allen Dingen von dem Versenken in die Schrift, wie es bei Handke heißt, von dem Versenken in verborgene Weisheiten. Solche Tendenzen sind mir völlig fremd. Natürlich geht das, was der Schriftsteller anbietet, darüber hinaus, was der Mensch so durchschnittlich erlebt. Der Schriftsteller beschäftigt sich intensiv mit seinem Material; vielleicht ist er auch durch besonderes Talent ausgezeichnet. Eine dritte Qualität, im Sinne von Erlösungsmaterial, kann ich nirgends entdecken. Wo soll es auch herkommen? Der Leser wird auf sich selbst zurückverwiesen. Er fällt sein Urteil über das, was er gelesen hat, dann kehrt er in sein Leben zurück und sieht, wie sich das bewährt oder auch nicht bewährt. Das ist der Moment der Wahrheit. Beim Lesen hat man manchmal das Gefühl: das ist es. Wenn Sie dieses "Das ist es" nicht draußen bestätigt finden, bleibt es reine Schimäre. Jede Anleitung zur Humanität oder zur Solidarität, die steckenbleibt als Leseerlebnis -- herzlichen Dank. Das Gleiche gilt für Modelle für den Kontakt zum Nachbarn, zur Umwelt, wenn das nur ein Erlebnis für den Lehnstuhl bleibt. Es gibt eine andere Praxis, das Leben nämlich, und da sind die Bücher nur eine Art Glacis, ein Vorfeld. Natürlich weiß ich, daß die Leute so etwas nicht gerne hören. Experimentierfeld, Probefeld, Lernfeld, das ist die Literatur, aber kein Lebensfeld...

... und eine Quelle des Vergnügens, wenn nicht für Sie, dann zumindest für mich und vielleicht auch für andere. Ich kann doch lachen beim Lesen. Ist das nichts? Ich sehe einen guten Film mit Vergnügen, und ich lese ein gutes Buch mit Vergnügen. Ich will gar nicht das eine gegen das andere ausspielen.

Natürlich arbeitet die Kunst mit sinnlichen Daten; sie kalkuliert die Schönheit ein. Für mich ist das nur ein Vehikel, eine Verführung zum Lernen. Die wichtigsten Dinge im Leben lernt man auch nicht auf einer Schulbank mit den Händen auf dem Tisch, sondern ganz woanders, vielleicht mit einer Frau im Bett. Das Lernen kann durchaus in Gestalt des Angenehmen, des Schönen, des Vergnügens auftreten. Lernen ist nicht so sehr schulmeisterhaftes Einbleuen, unter andachtsvoller Stille wie in einer Kirche, sondern Gewinn von Erkenntnissen. Man lernt, wenn man durch einen Wald geht im Frühling. Das ist ein Lernen, das tiefere Schichten berührt. Es gibt die Freuden des Kopfes. In dem Buch <u>Über die Liebe</u> von Stendhal heißt es, jene, die das Denken nicht gewohnt sind, werden sich bei diesem Buch langweilen, denn es gibt Freuden, die sie nicht kennen. Diese Freuden reklamiere ich für meine Bücher auch. Eine neue Erkenntnis ist eine Freude, eine große Freude sogar, dieses Eureka-Erlebnis. Mit dem staubigen Mief der Schule und dem Hinstarren auf irgendwelche Formeln hat das nichts zu tun. Die Chinesen bezeichnen das als Satori, <u>a kick in the eye</u> im Englischen. Plötzlich hat man ein Muster entdeckt, eins paßt zum andern. Man weiß, so kommt man weiter. Das kann das Lesen vermitteln, eine herrliche Sache. Man kann das Muster mit dem eigenen Leben vergleichen und sich sagen, so ist mein Leben, oder so ist mein Leben nicht, ich muß mein Leben ändern. Das verstehe ich unter Lernen. Unter Vergnügen verstehe ich eine hirnlose Angelegenheit, wenn ich mit einer Flasche Schnaps irgendwo sitze und Geld in eine Musikbox werfe und dazu einer danseuse zuschaue, und hinterher bin ich so klug wie zuvor.

Wilhelm Busch gilt als unser klassischer pessimistischer Humorist. Würden Sie sich diese Bezeichnung gefallen lassen, pessimistischer Humorist? Buschs Definition des Humors ist in dem Vierzeiler enthalten: Der Vogel denkt, weil das so ist, und weil mich doch der Kater frißt, so will ich keine Zeit verlieren und noch ein wenig jubilieren.

Um Gottes willen, nein, mit Wilhelm Busch möchte ich nicht in Zusammenhang gebracht werden. Im Englischen gibt es das Wort wit. Humor hat mit Feuchtigkeit zu tun. Ich sehe mich viel eher als witzig denn als humoristisch, in meiner Selbsteinschätzung.

Witz ist intellektuell und kühl, Humor ist warmherzig und mitfühlend.

Ja, Humor in dem Sinne gibt es bei mir gar nicht. Bei mir fehlt das Joviale. Humor hat etwas Joviales, bei Busch sowieso. Der sitzt so schön im Lehnstuhl mit seiner leutseligen Herablassung.

Könnte man bei Busch nicht auch schon von schwarzem Humor sprechen, schon in dem genannten Beispiel von dem Vogel?

Von Wien aus gesehen gibt es Abgründe von schwarzem Humor, gegen den der Humor von Busch himmelblau erscheint. Da ist viel mehr Verzweiflung drin, mit einer düsteren Grundierung. Für mich ist das ein biederes, gemütliches, bürgerliches, joviales Treiben bei Busch, das gehört in die wohlgetäfelte Familienstube. Unser schwarzer Humor kommt eher aus dem jüdischen Ghetto in Galizien, wo die Leute umgebracht wurden und man trotzdem lachte, weil nichts anderes übrigblieb als das Lachen. Das ist zumindest eine Quelle unseres schwarzen Humors. Mir liegt das viel näher, auch die chassidischen Erzählungen von Buber, die ganze Welt des Ostens, bei Sperber, bei Canetti, bei Joseph Roth. Das Jüdische spielt da eine bedeutende Rolle. Mir fällt das immer auf, wenn ich mich mit Juden unterhalte. Fast alle meine

Bezugspersonen kommen aus der Ecke, Wittgenstein, der ganze Wiener Kreis, Freud, Kafka -- alles Juden. Musil ist da direkt eine Ausnahme.

Man kann schon von einem ganz bestimmten Rosei-Stil sprechen, man könnte ihn sogar imitieren, karikieren. Empfangen Sie heute noch stilistische Anregungen von irgendwoher?

Das ist nicht leicht zu beantworten. Daß ich bewußt etwas lesen würde, um mich beeinflussen zu lassen -- das ist sicher nicht der Fall. Meine Ziel ist eine extreme Beweglichkeit, weil ich mir des Mittelhaften der Sprache bewußt bin. Mir ist weniger am Ergebnis gelegen als an der Anstrengung in Richtung des Unmöglichen. Was dann im Buch steht, ist eher Residium eines Prozesses. Die Schönheit ergibt sich beiläufig, oder sie ergibt sich nicht. Sie ist jedenfalls nicht das Ziel der Arbeit. Wenn sie entsteht, ist das ein Glück oder ein Zufall, ein Ergebnis des Zusammentreffens von Stoff und Bedeutungsfeldern. Ich schreibe nicht auf eine Form oder auf ein Buch hin, sondern auf ein Ziel, das außerhalb vom Buch liegt. Das erklärt vielleicht auch, was Sie vorhin sagten: in jedem Satz stecke etwas drin, jeder Satz verweise über sich hinaus, sei bedeutungsschwer und potenziert. Das Buch ist also das Residium von einem Prozeß, der nicht abgeschlossen ist, der nie abgeschlossen sein wird.

Schnappschüsse aus dem Sommer '90

von

Wilhelm Schwarz

I

Mit Kindern versteht er sich gut, und Sebastian ist gleich in ihn vernarrt. Mit Kindern könnte er sich nie langweilen, meint er. Ein Lied, das er dem Jungen vorgesungen hat, muß er endlos wiederholen: Ich wohn in einem runden Haus und schau aus meinem Fenster raus, und was ist da? ne Riesenmaus! Er ißt gerne einfach, aber gut. Er weiß, was er vor fünf Jahren gegessen hat, und wo. Musik braucht er keine, auch kein Fernsehen. Geschirr mag er nicht herumstehen sehen, da wäscht er es lieber schnell ab. Er wirkt eher wie ein Dorfbursche, wie ein Bauernsohn, und er packt ohne weiteres zu, mit seinen kräftigen Händen und Armen, und auch sonst, geistig sozusagen. Er schwimmt gerne, auch in eiskaltem Wasser, am liebsten in verlassenen Baggerseen, weniger gern in öffentlichen Badeanstalten, das weist er von sich. Er ist ein guter, ein ausdauernder Schwimmer. Ansonsten mag er keinen Sport, da hält er es lieber mit Churchill. Er kleidet sich einfach, doch zweckmäßig. Er hat Angst vor Hunden, Schlangen, Spinnen, Moskitos, schwarzen Fliegen, doch das ist rational begründet, sagt er, eine vernünftige Angst sozusagen. Von den Menschen hier ist er begeistert, von ihrer Einfachheit, Freundlichkeit, Offenheit. Die Separatisten dagegen mag er überhaupt nicht, à priori, auch nicht die separatistischen Liedermacher in der Rolle von Volkshelden. Ein etwas abgerissenes Pärchen allerdings, das engumschlungen in abgenutzten Birkenstock-Sandalen daherlatscht und auf T-Shirts seine separatistische Überzeugung spazierenführt, erregt seine uneingeschränkte Sympathie. Er unterhält sich gern, spricht breiten, wienerischen Dialekt. Wenn er unkonzentriert ist, gerät er manchmal in eine Art Biertischjargon: Die san verruckt! Die san Verbrecher! Wenn er etwas mag, dann mag er es ganz und gar, und wenn er etwas nicht mag, dann überhaupt nicht. Das gleiche gilt für Menschen. Eine Studentin, die ich zwei Jahre als liebenswürdig und intelligent schätzte, bezeichnet er nach fünf Minuten als anstrengend, eiskalt, berechnend, karrierebewußt. Das eine schließt das andere nicht aus. Er sieht tausend Dinge, die ich übersehe: einen Vogel, einen Stein, eine Farbe, einen Baum. Im Garten kennt er sich nicht aus, das interessiert ihn weniger. Lebensmittel wählt er am liebsten selber aus, sehr sorgfältig, läßt sich aber gern über jedes einzelne Stück beraten. Umkommen läßt er nichts, wenn es zu vermeiden ist, keine Brotkruste, keine Überreste. Stets ist er rücksichtsvoll, hilfsbereit, zuvorkommend. Eine Amerikanerin hatte ihn mir als Ekel geschildert, als unausstehlich. Daraufhin angesprochen, meint er, er sei wohl beides, je nach den Gegebenheiten. Hinter ihm her braucht niemand aufzuräumen. Die Fußball-Weltmeisterschaft, Argentinien gegen Deutschland, hätte er gerne gesehen, da aber kein Kabelfernsehen da ist, geht es auch ohne. Er weiß noch, welche Häuser vor fünf Jahren, als er das erste Mal in Québec war, verfallen, abrißbereit dastanden. Die Unterstadt, wo die Armen wohnen (sagen wir lieber: die ärmeren Schichten der Bevölkerung), gefällt ihm besser als die Oberstadt, aber auch dort gibt es Straßen, wo er wohnen könnte: in der Rue Hébert zum Beispiel, mit ihren alten, geduckten, windschiefen Häusern. Gräßlich findet er die Prunkvillen in Sillerie, abstoßend die protzigen Paläste der Versicherungsgesellschaften in Ste-Foy. In einem geheimnisvollen Rucksack trägt er alles, was er so brauchen könnte tagsüber, mit sich herum. Sein bevorzugtes Geschäft ist Latulippe, eine Art erweiterter Army-Surplus-Store. Tief enttäuscht ist er, als wir einmal zum Flohmarkt zu spät kommen: nicht um etwas zu kaufen, sondern um das Treiben zu genießen. Autofahren kann er nicht, will es auch nicht lernen, das interessiert ihn nicht. Dagegen ist er nicht sparsam mit Rat und Kritik, wenn seine Freundin am Steuer sitzt. Wortgewaltig verteidigt er sich gegen den (scherzhaft gemeinten) Vorwurf, ein Backseat-Driver zu sein, also jemand, der vom Rücksitz aus fahren will. Genau so empört zerpflückt er die (ebenfalls scherzhafte) These, nur ein Mann könne den Überblick über das Großeganze haben. Daß es keine Philosophinnen gibt, spricht, für ihn, weniger gegen die Frauen als gegen die Philosophie. Er besteht darauf, die Windschutzscheiben selber abzuwaschen. Er will ja auch irgendwie nützlich sein. Geld trägt er keines mit sich herum, allenfalls die Kreditkarte, den Rest erledigt die Freundin. Eines seiner bevorzugten Wörter: schön, meist in mehrfacher Wiederholung oder auch Steigerung. Auf einer dreitägigen Autofahrt benutzt er das Wort schätzungsweise hundertmal pro Tag. Das ist aber sehr vorsichtig geschätzt. Das kommt immer von Herzen, immer mit Ausrufungszeichen. Der Mensch P.R. ist eng verwandt mit dem Schriftsteller gleichen Namens. Einen Granitblock am Meer, einen unter vielen, findet er wunderbar, traumhaft. Natürlich ist er ein Intellektueller (so natürlich ist das gar nicht bei Schriftstellern), und zwar ein ganz scharfer, da kann man nicht vor sich hin dösen. Er hat keinerlei Primadonna-Allüren, auch nicht in sublimierter Form. Fast immer ist er guter Laune, entspannt, keinesfalls erschöpft oder müde, auch nicht, wenn er müde sein sollte, nach langen Fußmärschen zum Beispiel. Nachts schläft er tief und fest. Das Rauchen hat er vor zwei Jahren aufgegeben, aus Rücksicht auf die Freundin. Seitdem schmeckt ihm das Essen besser, auch das Trinken. Was ostentativ für die Gesundheit ist, mag er nicht: Kräutertees, Massage, Fitness-Clubs, alles in dieser Richtung. Die Gans, die ihm zu Ehren geschlachtet werden sollte, hat er leider gesehen, also braucht sie nicht geschlachtet zu werden, er würde eh' nix davon essen. Ihre Geschwister dagegen aus der Tiefkühltruhe munden ihm vorzüglich. Sie fasziniert ihn täglich aufs Neue, diese Gans, ihre Angewohnheiten, Eigenarten, ihr unstillbares Bedürfnis, gestreichelt zu werden. Er photographiert nicht, hat nie photographiert, das ist ihm zu aufwendig. An das Wenige, das er nicht vergessen will, kann er sich ohnehin errinnern, und den Schuhkarton der Eltern, wo die Familienphotos aufbewahrt werden, rührt er nie an. Wie die Großeltern ausgesehen haben, weiß er, wie die Urgroßeltern aussahen, will er gar nicht wissen. Und von etwaigen Kindern oder Enkelkindern will er keinesfalls auf verstaubten Photos betrachtet werden. Wenn sich Grass über Familienalben begeistert, ist das in Ordnung, das paßt zu Grass. Apropos Photographie: Von dem Prachtband "Québec" des Exil-Österreichers Kedl ist er gar nicht beeindruckt, das ist ihm alles zu dekorativ, zu repräsentationshaft, da ist zu wenig Leben, keine Einsichten in den Alltag der Menschen. Wenn er dagegen von den Bildern der kanadischen Malerin Emily Carr spricht, und er spricht oft von ihr, gerät er ins Schwärmen. Für ihn ist sie die Größte, Walt Whitman in der Malerei sozusagen, voller Optimismus, aber nicht der kitschigen, sondern der dynamischen Art. Ein Bild von ihr hat er vor fünf Jahren in der Nationalgalerie in Ottawa gesehen, seitdem gehört er zu ihren Bewunderern.

II

Umkehren ist sehr schwer für ihn, immer will er noch etwas weiter, um die nächste Ecke, über die nächste Anhöhe, vielleicht gibt es gerade dort etwas besonders Interessantes zu sehen, eine Ackerwinde zum Beispiel oder eine Torfstecherei oder eine Qualle mit Farben wie aus einem Interieur um die Jahrhundertwende. Da kann er in Ekstase geraten, da braucht er keine Droge, kein LSD und kein Meskalin. Bei einer Fahrradtour mit der Freundin, starker Rückenwind, sie lassen sich von einem Dörfchen ins andere treiben, können sie, nunmehr mit den furchtbaren Windböen im Gesicht, nur mit äußerster Anstrengung wieder zurückfinden. Da ist er zum ersten Mal erledigt, zum Umfallen müde. Er hat ein schnelles, sicheres Urteil, der erste Eindruck entscheidet. Die Aufschrift "L'Enfant Jésus Inc." auf einem Gebäude findet er urkomisch, zum Kugeln, in dieser Zusammenstellung. Ein Türschild "Mr. President" in einem Hotel belustigt ihn ungemein, überhaupt alles Angemaßte, Großtuerische, also noch viel mehr das Türschild "Mrs. Vice President", im selben Hotel. Also auch die patriotische Formulierung "Don't we live in a great country", ausgerechnet auf einer Speisekarte. Einen Professoren-Kollegen, Teppichhändler nebenher, bezeichnet er schlicht als Arschloch. Die monotonen Wälder von New Brunswick, zweihundert Kilometer Wildnis, Hochmoor, Mischwald, Seen, kein Haus weit und breit, belegt er mit Superlativen: herrlich, toll, psychedelisch, wie in einem Film von Andy Warhol. Das sind keine Floskeln. In Acadie könnte er leben, in dem Fischerdorf Caraquet zum Beispiel, wo er sich in der Pension Paulin, halb Hotel, halb Gästehaus, direkt am Atlantik, so richtig wohl fühlt. Besonders die Inhaberin, eine freundliche Matrone, hat es ihm angetan. Auch die bulligen Fernlaster Marke MACK, richtige Kraftprotze, gefallen ihm gut, er nennt sie herrlich aufgemotzt. Er gibt aber zu, daß man sich vom Leben auf diesen Ungetümen eine falsche, eine romantisierte Vorstellung macht. Für alles hat er einen Namen bereit. (Meine Nachbarn begnügen sich, von schwarzen Vögeln zu sprechen, das Wort Star, französisch, ist ihnen unbekannt, desgleichen die Namen von tausend anderen Dingen und Lebewesen, die sie umgeben.) Wenn er wider Erwarten einmal einen Vogel sieht, den er nicht einordnen kann, dann versucht er, ihn in einem Nachschlagwerk aufzufinden. Allerdings behauptet er, es gäbe vieles, das er nicht benennen könne. Abends spielen er und seine Freundin pétanque, das französiche Nationalspiel, mit einem benachbarten Ehepaar, freundliche, alte Bauersleute, Philemon und Baucis. Ihr Lachen schallt durch das Tal. Wenn die Katze mit einer Maus spielt, das kann er nun überhaupt nicht sehen, das erinnert ihn an das Spiel der Weißen mit den Indianern. Er ist bereit, bei einer Demonstration für die Mohawk-Indianer, gegen die Polizei der Provinz Québec, mitzumarschieren. Es gibt aber keine solche Demonstration. Der Pont de Québec, aus den zwanziger Jahren, gefällt ihm bei jedem Überqueren besser, da spürt er expressionistisches Pathos, da kann er das Überbrückende schon in der Konstruktion realisiert sehen. Mit dem Pont Pierre Laporte dagegen, 1970 fertiggestellt, vermag er nicht viel anzufangen. McDonald, mit seinem ganz auf Nützlichkeit getrimmten Interieur, findet er kalt, unmenschlich, den Konkurrenten A & W dagegen vergleichsweise sympathisch. Die Lebensmittelkette IGA verlockt ihn zu einem wienerischen Wortspiel: Gehst a? I geh a. Denken tut er auf Hochdeutsch oder auf Wienerisch, je nach der Situation: bestimmte Gegebenheiten erfordern von ihm geradezu das Hochdeutsch, andere wiederum das Wienerisch. Daneben spricht er noch den Kärntner Dialekt, den er als Kind bei den Großeltern lernte. Auch im Traum bewegt er sich zwischen diesen Sprachen hin und her. Von Träumen allerdings hält er nicht allzu viel, vor allem nichts von flinken, voreiligen Traumdeutungen. Sugarloaf Mountain in Maine ruft österreichische Wetterregeln wach: Hat der Berg einen Hut, wird das Wetter sicher gut. Hat der Berg einen Sabel, wird das Wetter miserabel. Hat der Berg einen Kragen, kann man schon den Aufstieg wagen. Der Föhn, meint er, ist gut für die dichterische Inspiration, Trakl-Gedichte sind Föhn-Gedichte. -- Ein Ausdruck, den er in Québec gefunden hat, entzückt ihn: dépanneur. André Heller ist für ihn der dépanneur des österreichischen Geisteslebens, der hat seinen Kramladen immer offen. Das ist aber nicht sein Problem, ihm fällt eher zu viel ein, er muß dann wählen, was er ausläßt. Für ihn ist das eine Frage der Kraft, auch kann sich ein Schriftsteller verlieren, kann aufgehen in Familienproblemen oder Wohlleben. Und was ihn nicht alles an etwas erinnert! Ein hitchcockartiges Hotel Maynard erinnert ihn erst einmal an den britischen Nationalökonomen, dann, später, auch an Fontanes Ballade. Die Hügellandschaft der Beauce ist wie die Gegend bei Passau, nur schöner und wilder. Die Wolken freilich, die sind ganz anders hier, solche Wolken gibt es keine in Österreich, nie, weil -- es folgt eine wissenschaftliche Erklärung, die ich sofort vergesse. Der Hochwald von Maine erinnert ihn an Stifters Hochwald, mehr noch an den Anfang von Witiko. Ob er sich, später, besonders schöne Ausblicke zurückrufen kann, etwa einzelne helle Sonnenflecke auf dem sonst dunklen Waldmeer? Aber natürlich kann er das, das ist doch gar keine Frage. Dann braucht er beim Schreiben nur aus der Erinnerung zu schöpfen, zu beschreiben? Nein, so einfach ist das nicht, da überlagert eins das andere. Warum seine Bücher ins Französische übersetzt wurden, nicht aber ins Englische oder Amerikanische, vermag er nicht zu sagen. Das sind Zusammenhänge, die er nicht überblickt. Das heißt, einige sind schon übersetzt worden ins Amerikanische, Von Hier nach Dort sogar dreimal, doch erschienen ist bisher nichts, warum, eben, das weiß er nicht.

III

An einem entlegenen Gebirgsflüßchen, fern aller Zivilisation, findet er auf einem Felsblock nicht einen, sondern gleich vier rote Glückspennies, ein richtiger Glückspilz. Von kanadischen Gespenstern will er nichts wissen, wo er doch daheim in Österreich die Anderen literaturfähig gemacht hat. Und wenn die Rede ist von Sternwanderung, Wiedergeburt, Atlantis, von Karma und Esoterik gleich welcher Spielart, da wird er richtig böse, das findet er nicht einmal komisch, da könnte er jemandem an die Gurgel fahren. Die ganze Skala der strahlenden Frauen, von hübsch bis himmlisch, nimmt er nur obenhin wahr, dagegen fallen ihm skurrile, zwielichtige Typen auf, er dreht sich auch schon mal um nach ihnen. Wohlgemerkt: nichts Erotisches, sondern traurige Figuren, Absteiger, Verlierer, Randfiguren. Vom Wehrdienst hätte er sich drücken können unter irgendeinem Vorwand, hat es aber nicht getan. Die ersten drei Monate mußte er dann, als promovierter Jurist, in einer Einheit mit lauter Vorbestraften Dienst tun. Das war hart. Mit 17 hatte er bereits eine Polizeiakte, wie er kürzlich feststellte, wegen Teilnahme an unerlaubten oder unliebsamen Demonstrationen. Mit anderen Künstlern hat er sich eingesetzt gegen den jetzigen Bundespräsidenten, den vergeßlichen. Manfred Deix gefällt ihm, der hat den bösen Blick, obwohl es viel schärfere gibt, daheim in Wien. Ludwig Hirsch? Produziert fleißig Konfektionsware. Reich-Ranicki? Mit ihm hat er sich einmal gestritten über die Klagenfurter Lesungen. Das war schon richtig peinlich. Er ist mehrmals eingeladen worden, aber nie hingefahren. Ein Schriftsteller arbeitet einige Jahre an einem Buch, dann wird er dort im Schnellverfahren abgeurteilt, nach zehn Minuten Lesung: fast food der Literaturkritik. Den Kritiker Alexander von Bormann findet er intelligent und gescheit, doch beschränkt durch die Brille, die er aufhat: früher eine marxistische, heute eine psychokritische. Wie der Neffe aus der DDR, ein Naturwissenschaftler, zu Kurzbesuch auf der Farm, der meint, Liebe bestehe aus chemischen Prozessen. Morgens im Auto der Ausruf: Was fühle ich mich heute wieder gut! In diesen vier Wochen hat er nichts geschrieben, hat es auch gar nicht versucht. Aber er hat jeden Tag in seiner Kammer studiert und sich Notizen gemacht. Traurig macht ihn die Nachricht vom Tod des Alt-Bundeskanzlers Bruno Kreisky. Das ist ein großer Verlust für uns, sagt er. Uns, das ist natürlich Österreich. Kreisky war für ihn der Typ des aufrechten Sozialisten vom Schlag Willy Brandt, ein Typ, der fast ausgestorben ist. Außerdem schätzt er Kreisky als Demokraten und Menschen, der nicht nachtragend war. -- Von morgens bis abends beobachtet und registriert er unermüdlich, und vergessen tut er nicht viel. Er ist ein lebendes Nachschlagewerk, alles steht ihm jederzeit zur Verfügung. Dazu besitzt er zu jeder Tageszeit einen Überschuß an Energie. Das will er aber nicht wahrhaben. Ste-Anne-de-Beaupré, der bekannteste kanadische Wallfahrtsort, löst in ihm helle Begeisterung aus. Hier findet er eine herrliche Mischung aus Kirmes und Religion, McDonald unmittelbar neben der Kathedrale. Toll! (Hier ist das Modewort gar nicht fehl am Platz!) Das Gebäude selber ist, für ihn, ein brutaler heidnischer Tempel für die Phantasie von Wilden. Das ist aber keinesfalls negativ gemeint. Die Innenausstattung findet er geschmacklich schön, die Gemälde in den neu ausgebauten Katakomben, Stil Pop-Art, gefallen ihm sehr gut. Hier muß er unbedingt eine Kerze anzünden. Die religiöse Inbrunst inmitten der

Jahrmarktsatmosphäre wirkt erschütternd auf ihn, macht ihn aber auch traurig: Hotel der Hoffnung. Die Kriegerdenkmäler in der Provinz New Brunswick belustigen ihn, sie erinnern ihn an italienische Kriegerdenkmäler: je fragwürdiger eine kriegerische Heldentat, desto grandioser das entsprechende Denkmal. Von der Großmutter erzählt er manchmal, auch vom Großvater.

Ob er sich manchmal langweilt? Nein. In einem Land, wo er die Menschen, die Zusammenhänge nicht versteht, in Indien zum Beispiel, dort könnte er sich vielleicht langweilen, doch hier und überall findet er immer etwas zu tun, zu sehen, zu erfahren, zu vergleichen. Langeweile ist für ihn eine Form von Traurigkeit, ein Abwenden, ein Nicht-Eingreifen in die Welt. -- Der Name Rosei stammt aus dem Slowenischen. Der Großvater wurde eingedeutscht; früher hieß das wahrscheinlich Rosej.

IV

Seine Leseerfahrungen sind denkbar verschieden von den meinen. Erste große Überraschung: die deutsche Literatur nach 1945 ist ihm weitgehend unbekannt. Gelesen hat er vor allem, was nicht gerade en vogue war; da er in Wien aufwuchs, war ohnehin alles verfügbar. Von Freunden läßt er sich gerne Bücher empfehlen. H.C.Artmann und Gerhard Amanshauser, um nur zwei zu nennen, haben ihm auf diese Weise viele Irrwege erspart. Er ist der Meinung, daß man von einem Autor, sagen wir Dostojewski, zwei Werke gelesen haben muß; nur Spezialisten lesen alles, und er ist kein Spezialist. Von Jack Kerouac allerdings, da hat er alles gelesen. Rolf Brinkmann und Nicolas Born sind für ihn undenkbar ohne Kerouac, desgleichen die Filme von Wim Wenders. Die Querverbindungen zwischen Buch, Film, Malerei findet er faszinierend, in der Großstadt läßt sich das leicht verfolgen. Jetzt, da er ein paar Wochen in Nordamerika gelebt hat, versteht er auch Walt Whitman viel besser, seinen Optimismus, sein Pathos. Die amerikanischen Lyriker Robert Creeley, die Maler Rauschenberg und Twombly haben ihn nachhaltig beeindruckt. Dann natürlich William Carlos Williams, das ist der Größte, das ist ein toller Lyriker. Die Büchertitel der einzelnen Autoren hat er alle im Kopf, Namen des jeweiligen Verlags inklusiv, da braucht er nirgends nachzuschlagen. Dann, eine andere Welt, Tschechow, Turgenjew, von Turgenjew hat er ebenfalls alles gelesen, da interessieren ihn vor allem die Landschaftsbeschreibungen, auch die Briefe, der Briefwechsel mit Flaubert beispielsweise. Isaac Babels Budjonnys Reiterarmee und Die traurige Straße waren große Erlebnisse für ihn, und von Babel zu Canetti ist es nicht mehr weit, Babel taucht ja in Canettis Tagebüchern auf. Von Trotzki hat er nicht etwa die theoretischen Schriften gelesen, das würde ihn umbringen, sondern die Autobiographie, die Biographie Lenins und das Fragment über Stalin. Von Thomas Mann kennt er neben dem Doktor Faustus und einigen Novellen lediglich die Tagebücher; die allerdings hat er intensiv gelesen, da interessieren ihn wieder die Querverbindungen zu den großen Geistern der Epoche. Für die Romane Thomas Manns hat er keine Zeit, dafür ist das Leben viel zu kurz. Wenn er etwas über die Menschen erfahren will, geht er nicht zu Thomas Mann, sondern zu den Menschen selber, an Lac Etchemin oder anderswo. Der Name Lac Etchemin gefällt ihm, den wiederholt er mehrmals, zweck- und absichtslos, nur einfach so. Belletristik liest er überhaupt nur ausnahmsweise. Er liest ja nicht, um sich zu unterhalten, sondern um etwas zu lernen. Zur Unterhaltung geht er lieber ins Kino oder in die Kneipe. Pasolini allerdings, das sind wunderbare Bücher, die Romane wie die Gedichte, Vita violenta beispielsweise oder Der Traum von einer Sache. Karl May hat er ganz wenig gelesen, als Junge, dann schon lieber den Lederstrumpf, noch lieber natürlich B.Traven, Die Baumwollpflücker und Das Totenschiff. An den Spekulationen über die Person des Autors allerdings will er sich nicht beteiligen, das erinnert ihn zu sehr an Loch Ness, das kommt alle Jahre wieder. Die Tagebücher Harry Graf Kesslers waren für ihn eine Fundgrube zum Verständnis jener Epoche. Kurt Schwitters mag er sehr, als Menschen, als Maler, als Schriftsteller. Narziß und Goldmund hat er als junger Mann gelesen, heute würde ihn sowas eher abschrecken. Er versteht aber die Faszination, die auch heute noch von Hesse ausgeht, vor allem auf junge Menschen. Natürlich kennt er den Steppenwolf, nicht aber Siddharta. Beim Anblick der riesigen Wälder in der hohen Beauce kommt ihm Henri Thoreau in den Sinn und dessen Walden, Über das Leben im Walde. So könnte er auch leben. Thoreaus Buch, ein Grundlagenbuch der Hippie-Bewegung, ist auch heute noch für ihn interessant, da Thoreau auf dem Boden der Tatsachen bleibt und sich nicht in Spekulationen verliert wie Hesse. Hundertmal lieber als der ganze Hesse ist ihm On the Road von Kerouac. Das ist authentisch. Aus Tom Sawyer, den er mit vierzehn gelesen hat, kann er heute noch mühelos zitieren. Allerdings, sagt er, hat er Freunde, die noch viel mehr gelesen haben als er und die alles im Kopf haben. Die Freundin liest gerade Rousseaus Confessions, die er bewundert, die Rêveries d'un promeneur solitaire allerdings bewundert er noch mehr, vor allem als schriftstellerische Leistung. Zu den großen Leseerlebnissen seiner Jugend gehören Eichendorff und Kleist, Hölderlin und Trakl, Loerke und Benn, alles Dichter, die er heute noch schätzt und liebt. Ezra Pound ist ihm nicht so sehr als Lyriker denn als Briefschreiber wichtig, vor allem den Briefwechsel mit Joyce findet er faszinierend. An Franz Michael Felder, einer Art Innerhofer des neunzehnten Jahrhunderts, hat ihn vor allem die Autobiographie beeindruckt. Von Richard Pietraß, einem jungen Lyriker der DDR, dessen Namen ich mir buchstabieren lassen muß, schätzt er vor allem den Band Weltkind. Ein bißchen hat er Arno Schmidt gelesen, um zu sehen, was nun eigentlich hinter diesem ganzen Zettel-Theater steckt: nicht viel. Auch Schmidts Buch über Karl May hat ihn nicht gerade umgeworfen: in vielen Variationen wiederholt Schmidt nur die eine These, nämlich Karl May ist latent homosexuell. Als ob das wesentlich wäre. Melville hat ihm viele Einsichten vermittelt, nicht nur mit Moby Dick. Von Ernst Jünger kennt er wiederum nur die Tagebücher. Er wollte mal sehen, was dieser Mensch alles erlebt hat. Ansonsten steht Jünger, geographisch gesprochen, auf der anderen Seite des Flusses, ist viel zu elitär für ihn mit seiner désinvolture. Seine Romane interessieren ihn nicht. Kennt er die Tagebücher von Max Frisch? Nein. Die Stücke, die Romane? Nein, nix. Den Homo Faber hat er sich mal angesehen, zu lesen braucht er ihn nicht, der Typ läuft ja vor seinen Augen überall herum, auf der Straße kann er ihn viel besser kennenlernen. Ingeborg Bachmann hat ihn nie begeistern können. Und Peter Turrini ist für ihn der Staatsdichter der Republik Österreich, der roten Republik natürlich. (Stoßseufzer auf einer Autofahrt, angesichts einer schönen Landschaft: Wir leben gut! Bis zum Tode!) Überhaupt die Österreicher! Mit Hofmannsthal kann er nicht viel anfangen, das ist formvollendete Lyrik von jemand, der nichts gesehen und nichts erlebt hat. Joseph Roth wird nicht viel besser eingestuft: Nostalgie, im Alkohol ersäuft. Da kann er keine Inspirationen finden. Geradezu ins Schwärmen gerät er, wenn er von dem in Kanada, in Dawson City lebenden Österreicher Oswald Wiener und dessen Hauptwerk Die Verbesserung von Mitteleuropa spricht. Das ist schwärzester Humor, ein neuer Karl Kraus. (O. Wiener erscheint in Rebus, in dem Kapitel "Das Umspannwerk".) Auch Franz Innerhofer mag er sehr, das ist Peter Rosegger, das ist Heimatliteratur im Negativ. Schattseite ist ein Monument. Viele andere dagegen: Mittelmaß, nichts Aufregendes. Erich Fried ist ihm sympathisch. Zwei Drittel von dessen Gedichten sind schlecht, da bleibt immer noch das letzte Drittel, und das ist gut. Traurig ist es, daß so ein Mann in Österreich erst akzeptiert wird, wenn er sich einen Namen anderswo gemacht hat. Wie Canetti, der plötzlich, nachdem er den Nobelpreis bekommen hatte, ein großer Österreicher war. Oder Wittgenstein, der als eine Art Trottel galt. Kein österreichischer Verlag hatte Interesse an ihm, bis er bei Suhrkamp groß herauskam: da war es allerdings für die Österreicher zu spät. Zum Verständnis des alten, des untergegangenen Österreichs empfiehlt er mir die Lektüre des Exilwieners Paul Feyerabend, Wider den Methodenzwang, Canettis Autobiographie ("mit wunderschönen Porträts"), Stefan Zweigs Die Welt von Gestern, dazu natürlich Wittgenstein und Normand Malcolms Porträt von Wittgenstein: alles unbezahlbare Schätze. Natürlich liest er seine österreichischen Kollegen, Bernhard und Handke und Jandl und Artmann. Peter Bichsel ist ein großartiger Schriftsteller, desgleichen dessen Landsmann Martin R. Dean. Robert Walser, ja, den schätzt er sehr hoch ein, und Gottfried Keller ist eine Goldgrube. Also nochmals zu den deutschen Nachkriegsautoren. Er kennt weder Grass noch Johnson noch Martin Walser noch Siegfried Lenz noch Max von der Grün noch Christa Wolf. Er hat nie ein Bedürfnis verspürt, diese Autoren zu lesen. Von Böll hat er mal eine Kurzgeschichte gelesen, das reichte ihm. Von Dürrenmatt kennt er einige Theaterstücke. Für ihn sind das alles biedere, brave und vordergründige Realisten, die dem Irrtum aufgesessen sind, sie könnten mit ihren Methoden die Wirklichkeit einfangen. Da sind die jungen Österreicher schon viel weiter. Von Marie Luise Kaschnitz hat er anscheinend nie den Namen gehört. Von Sarah Kirsch kennt er einige Gedichte, doch seit ihrer Übersiedlung hat sie für ihn an Interesse verloren. Auch

Rainer Kirsch und Reiner Kunze fand er einmal lesenswert, doch heute nicht mehr. Da hält er sich lieber an die deutschen Barockdichter, da kann er noch was lernen, zum Beispiel von Heinrich Brockes (Was, den kennen Sie nicht?). Auch Wilhelm Hauff schätzt er sehr, allerdings nur die Märchen. Daß der ein knallharter Geschäftsmann war, der seine Bücher nach dem Blickpunkt des optimalen Gewinns konzipierte, stört ihn nicht. Das taten andere auch, zum Beispiel Balzac oder Dickens. Den Justinus Kerner allerdings, den kann er nicht ausstehen, der ist ihm zu maniert und provinziell. Natürlich bewundert er Hogarth, mehr jedoch Lichtenberg, der tiefschürfender als Hogarth war und viel scharfsinniger. Zur Zeit liest er Bronislaw Malinowskis Diary in the Strict Sense of the Term, auf englisch. Das ist großartig. Auch von Malinowskis Argonauts of the Western Pacific spricht er nur im Ton höchster Bewunderung. Zwischendurch, zum Lachen, schmökert er in Forellenfischen in Amerika von Richard Brautigan. In der Literatur hat er sich nie als Deutschösterreicher gefühlt, auch nicht als Deutscher, auch nicht als Österreicher, sondern als Europäer. Das ist seine Heimat. Er ist so unanstrengend.